MÜHLENSTRASSE
LANDKREIS OSTERHOLZ

STRASSE DER WIND- UND WASSERMÜHLEN

Herausgegeben vom Landkreis Osterholz

KLAUS V. DÜRING

STRASSE DER WIND- UND WASSERMÜHLEN

BEI FRIEDRICH RÖVER BREMEN

LANDKREIS OSTERHOLZ

VORWORT

Nicht ohne Grund ist im Eingangsbereich des modernen Verwaltungsgebäudes Landkreis Osterholz ein schwerer Mühlstein als Blickfang zu sehen. Deutlich verweist er auf das Verständnis dieses Kreises für seine Wurzeln in der Vergangenheit.
Wind- und Wassermühlen gaben der hiesigen Landschaft die Vorausssetzungen für seine landwirtschaftliche Entwicklung. Einst waren sie die Steuerquellen für die Verwaltung und für die hier durchgeführten Meliorationen. Handwerkern gaben sie die Gelegenheit, ihr Können beim Bau von technischen und wirtschaftlichen Meisterwerken zu zeigen. Und nicht zuletzt formten sie viele Generationen von standfesten und heimatverbundenen Müllerfamilien. Nach der Blütezeit für Wind- und Wassermühlen im 17. und 18. Jahrhundert und dem großen Mühlensterben nach 1900 ist jetzt eine alte Mühlenstraße wieder instandgesetzt worden. Sie führt von West nach Ost quer durch den Landkreis Osterholz.
Dank sei allen gesagt, die dazu beigetragen haben, diese landschaftsprägenden alten Bauwerke zu erhalten und zu renovieren. Dank sei aber auch dafür gesagt, daß mit diesem Buch in einer einprägsamen und verständlichen Art die Geschichte der Zeit und die Schicksale der einzelnen Mühlen dargestellt werden.
Möge diese Mühlenbeschreibung viele interessierte Leser finden und dazu beitragen, dem Menschen von heute das Bewußtsein für seine Vergangenheit offen zu halten.

Osterholz-Scharmbeck, im November 1977

Schlüter

Landrat
des Landkreises Osterholz

v. Friedrichs.

Oberkreisdirektor
des Landkreises Osterholz

INHALTSÜBERSICHT

GESCHICHTLICHES

Fast 2000 Jahre arbeiteten Wind- und Wassermühlen in den verschiedensten Formen für die Menschheit. Die den Naturkräften entnommenen Leistungen wurden für Kornmühlen, Sägemühlen, Walkmühlen, zur Be- und Entwässerung und vieles andere mehr benötigt.
Stets waren es Baumeister, die mit Augenmaß und handwerklichem Können das heimische Material in einer technischen Meisterleistung zu perfekten Bauwerken formten. Die technische Beherrschung der angegangenen Naturgewalten von Wind und Wasser war großartig. Was heute berechenbar erscheint, mußte damals mit Erfahrung und Gefühl erbracht werden. Durch die eigenständige Art, die durch Landschaft und örtlich verfügbares Baumaterial gegeben war, entstanden landschaftstypische Bauwerke.
Früher waren diese Wind- und Wassermühlen Wirtschaftsbauten, die rentabel arbeiteten. Heute sind sie kulturhistorisch wertvolle Sehenswürdigkeiten, die in ihrer Unterhaltung viel Geld kosten.
In ihrer Blütezeit wurden die Wind- und Wassermühlen hauptsächlich zum Vermahlen von Getreide gebraucht. Die für die Zerkleinerung des Korns erforderliche Kraft wurde jedoch erst nach Christi Geburt durch Wind- und Wassermühlen aufgebracht. Bis dahin wurde das Getreide gerieben und späterhin in Steinmulden mit Rundlingen gequetscht oder aber in Handmühlen, auch Querne (später auch Grützmühle) genannt, gemahlen.
Über die bekannteste, älteste Wassermühle läßt sich in einem Bericht des Römers Ansonius[1]) (370 n. Chr.) in seiner Reisebeschreibung Mosella nachlesen. Diese Mühle befand sich, wie es der Name der Beschreibung andeutet, an einem Nebenarm der Mosel.
In unserem Bereich wurde bei der Grenzbeschreibung der Diözese Bremen[2]) bereits 788 ein Mulinbach (Mühlenbach) als östliche Grenze genannt. Das war auch nicht verwunderlich, ließ doch bereits Karl der Große (768 - 814) bei seinen Königshöfen jeweils Wassermühlen anlegen, womit der Bau von Mühlen sehr verbreitet wurde.

Zu unterscheiden war bei den Wassermühlen die verschiedene Art der Wasserzuführung, ob ober- oder unterschlächtig. Da in der hiesigen Gegend weder ein allzu großes Gefälle noch eine andauernd starke Strömung vorhanden war, wurden die Mühlen meistens mit oberschlächtigen Wasserrädern versehen. Der relativ geringe Wasserzulauf verlangte, daß den Wassermühlen zudem noch Teiche als Speicherbecken für Nachtwasser und für das überschüssige Wasser aus Regenzeiten vorgelagert wurden. Erst hiermit konnte ein gleichmäßiger Wasserzulauf über viele Arbeitstage hinweg erreicht werden.

Vorgeschichtlicher Mahlstein mit Läufen

Der Schwierigkeit in der Beherrschung unberechenbarer Naturkräfte entsprechend wurden Windmühlen wesentlich später in unserem Bereich seßhaft. Wenn auch bereits 870 eine Windmühle in England bei der Abtei Croyland[3]) erwähnt wurde, so wurden aber wohl erst in späteren Jahren in größerer Zahl Windmühlen errichtet.

Immerhin erwähnt Wöbken in seiner Beschreibung der Marcellusflut[4]) (November 1326), daß hierbei schon 28 Windmühlen im Küstenraum zerstört wurden. Wie aus vielen Zeichnungen noch zu erkennen ist, handelt es sich bei diesen ersten Windmühlen stets um sogenannte Ständer- oder Bockmühlen. Dies sind Mühlen, die insgesamt, also mit dem ganzen Bauwerk, in den Wind gedreht werden.

In der Mitte des 18. Jahrhunderts kam dann von den Holländern die Idee, nur den Windmühlenkopf drehbar zu lagern, um dadurch auch größere Mahlanlagen bauen zu können. Diese „Holländermühle" ist auch die Windmühle, die im Landkreis Osterholz anzutreffen ist.

Die „Holländer" unterscheiden sich in vielen Merkmalen, wie:

1. in der Höhe:
   a) ein- oder doppelstöckiger Holländer (z. B. Ostersode, doppelstöckiger Holländer)
   b) ebenerdig, Erdanschüttung (z. B. Worpswede, Erdholländer)
2. in der Bedienung des Kopfes:
   a) mit Galerie und Steert (z. B. Sandhausen-Myhle, Galerieholländer mit Steert)
   b) mit Windrose, ohne Steert (z. B. Aschwarden, Galerieholländer mit Windrose)

---

1) Hamburgisches Urkundenbuch, Band 1
2) Universitätsbibliothek Bremen, Diözese Bremen, 14. Juli 788
3) Glauner, Die historische Entwicklung in der Müllerei, 1939/51
4) K. Wöbken, Deiche und Sturmfluten an der Nordseeküste, 1924

BOCK-WINDMÜHLE

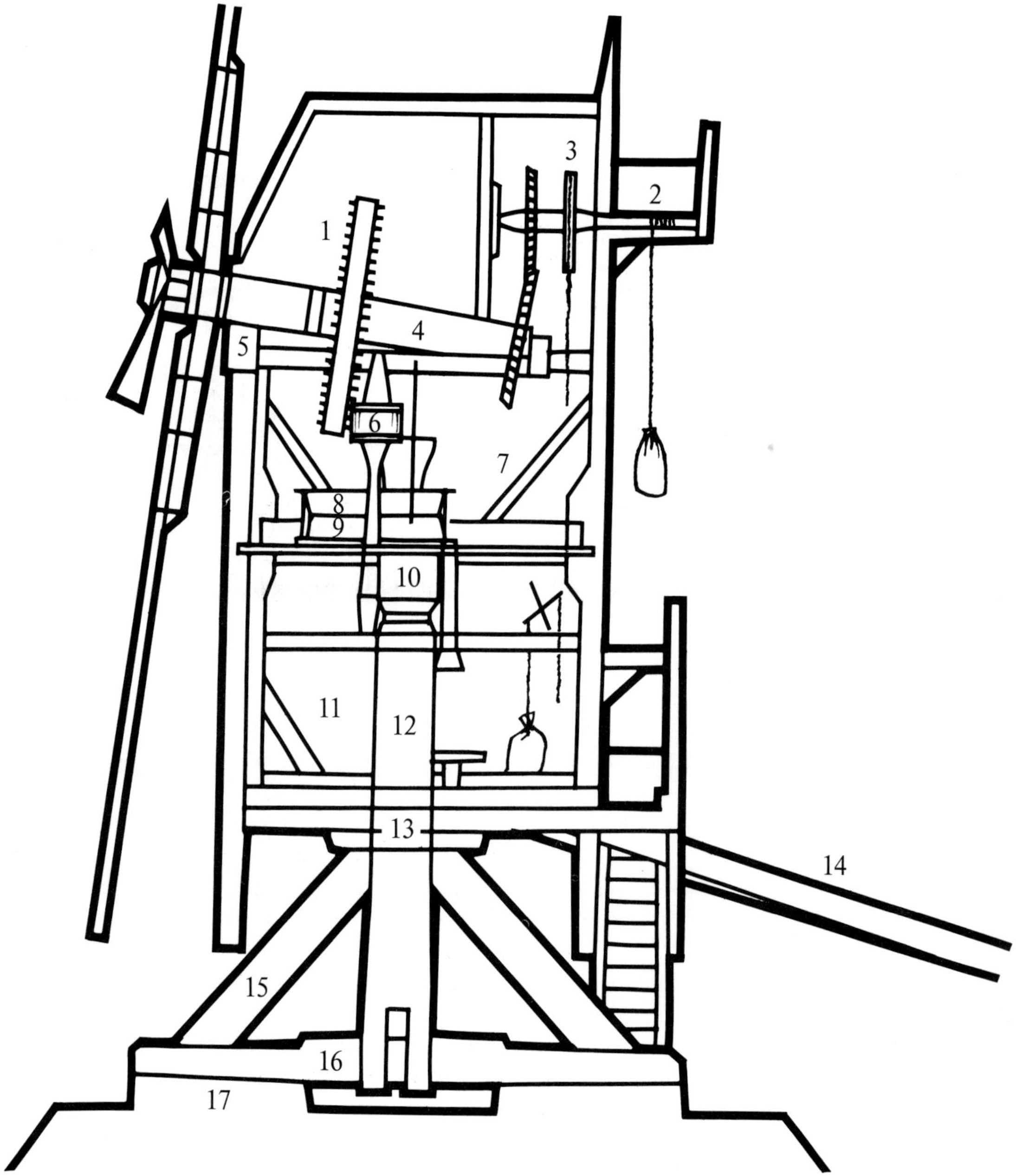

1. Kammrad
2. Sackwinde außen
3. Sackwinde innen
4. Flügelwelle
5. Windbalken
6. Triebrad
7. Kornboden
8. Läuferstein
9. Bodenstein
10. Mehlbalken
11. Mehlboden
12. Hauptständer
13. Sattel
14. Steert
15. Kreuzstreben
16. Kreuzwerk
17. Steinsockel

HOLLÄNDER-WINDMÜHLE

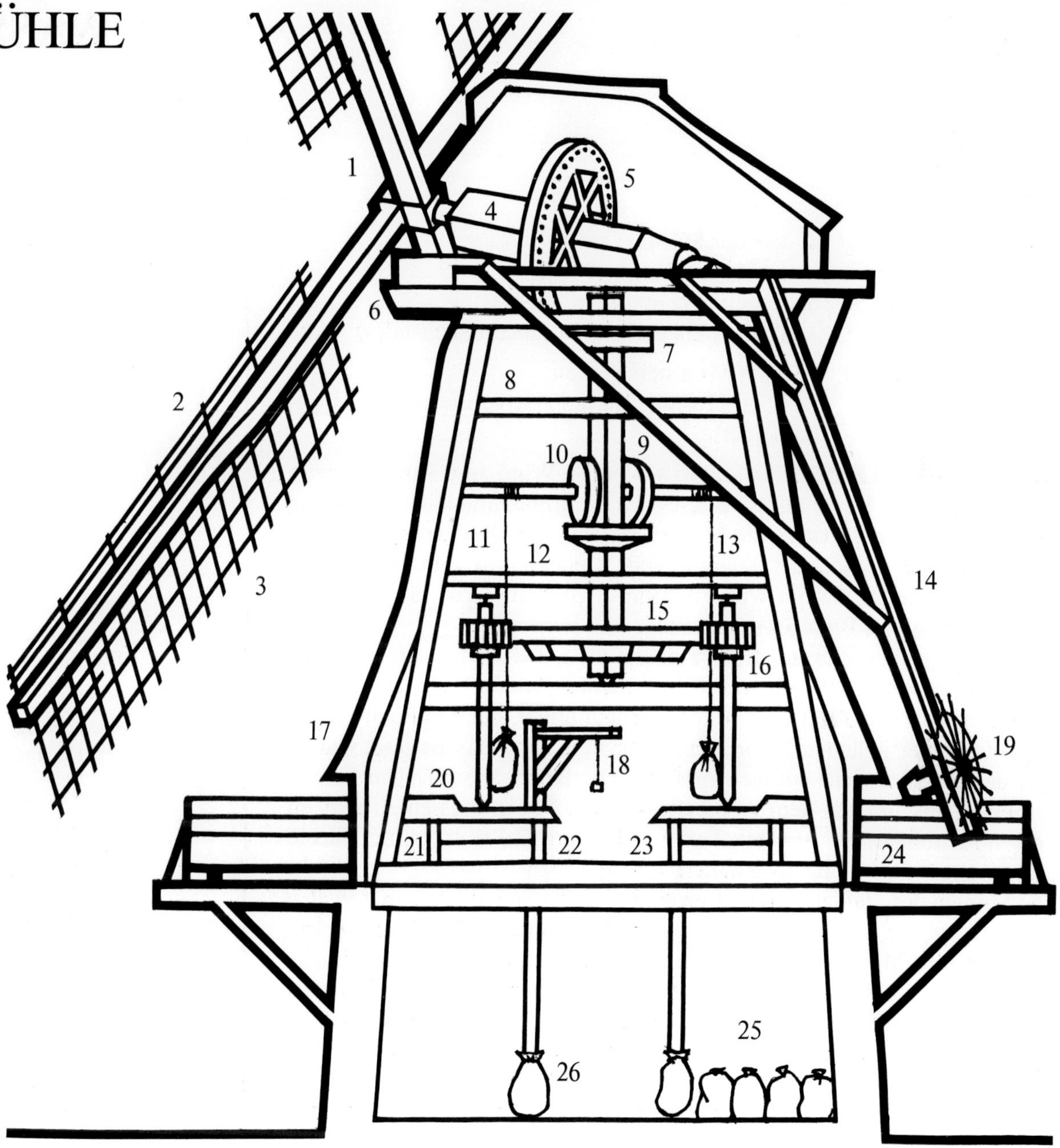

1. „Das Kreuz" (Ø ca. 20 m)
2. Flügel (Länge ca. 10 m)
3. Segelscheite
4. Flügelwelle (Ø 68/68 cm)
5. Kammrad (Ø 3,0 m; 68 Zähne)
6. Flugholz (Tragebalken) (Ø 34/36 cm)
7. Bunkler (Ø 1,40 m; 33 Zähne)
8. Kappboden
9. Königswelle, -spindel (Ø 40/40 cm)
10. Schlepprad (Ø 1,00 m)
11. Ständer (Ø 32/32 cm)
12. Aufzugsboden
13. Sackwinde, -aufzug (Ø 20 cm)
14. Steert
15. Stirnrad (Ø 3,0 m; 94 Zähne)
16. Spindelrad (Ø 97 cm; 30 Metallstäbe, Ø 4,5 cm)
17. Reithbedachung
18. Steinkran
19. Winde (Ø 1,20 m)
20. Sackpodest
21. Läuferstein (beweglich; Ø 1,55 m)
22. Bodenstein (fest; Ø 1,55 m)
23. Steinboden
24. Galerie
25. Lager
26. Mehlentnahme

3. in der Getreide- An- und Abnahme:
   a) vor der Mühle (z. B. Sandhausen-Myhle)
   b) Durchfahrt unter der Mühle (z. B. Lübberstedt, Durchfahrtsholländer)

4. in der Leistungsart: Je nach Mühlsteinwerken (z. B. von Rönn, Osterholz-Scharmbeck, Viergängeholländer)

Die jetzt noch im Landkreis Osterholz stehenden Wind- und Wassermühlen sind ausnahmslos Kornmühlen. Dieses war die größte und leistungsfähigste Mühlenart. Zunächst hatten die Mühlen meistens nur Roggen zu schroten, da in unserem Landstrich überwiegend Sauerteigbrot und Roggenbrei gegessen wurde. Späterhin wurden dann auch Feinmehle für weiterentwickelte Brote und Brotwaren hergestellt.
Ansonsten gab es hier noch Graupenmühlen, bei denen das Getreide durch einen weiten Steinabstand nicht gemahlen, sondern nur bis zu einer bestimmten Größe abgerieben wurde; Schälmühlen, die den Buchweizen, der bei der hier üblichen Moorbrennkultur in die Brandasche gesät wurde, von der harten Schale befreien mußten; Ölmühlen, die ölhaltige Samen zerquetschten, um aus dem so erhaltenen Brei das Öl pressen zu können und Walkmühlen, die gewebte Tuche stampften und walkten, um dichte und geschmeidige Stoffe zu erhalten.
Die Mühlen des Landes waren kostbare Bauwerke, sowohl vom materiellen Bauwert her, als auch vom Wert für die Versorgung der Bevölkerung mit Schroten und Mehlen. Lange Zeiten stellten sie zudem eine wesentliche Einnahmequelle der Obrigkeit dar. Nicht umsonst hieß es deshalb bereits im Sachsenspiegel[5]) – sächsisches Land- und Lehnsrecht um 1200 –: „Mühlen haben stets Frieden" oder „Wer Mühlen beraubt, wird gerädert".

---

5) Homeyer, Der Sachsenspiegel, 1835

WASSERMÜHLE

1. **Lagerraum**
2. **Getreideboden**
3. **Sackaufzug**
4. **Schlepprad (Ø 1,50 m)**
5. **Getriebe für Mahlgang (Ø 54 cm, Höhe 32 cm, 23 Metallstäbe Ø 3,5 cm)**
6. **Stirnrad (Ø 2,44 m, 131 Zähne oder Kämme)**
7. **Spindel (Ø 8 cm aus Stahl)**
8. **Königswelle (Ø 26 cm, aus Holz)**
9. **Rüttelschuh**
10. **Läuferstein (oberer Mahlstein, beweglich, Ø 1,30 m)**
11. **Bodenstein (unterer Mahlstein, fest, Ø 1,30 m)**
12. **Mehlboden**
13. **Bunkler (oberer Ø 65 cm, unterer Ø 57 cm, 44 Zähne)**
14. **Mehlentnahme**
15. **Wellrad (Ø 2,30 m; 156 Zähne)**
16. **Wasserradwelle (Ø 50/50 cm)**
17. **Wellradgrube**
18. **Schaufel; Schaufelkammer (48 Stück)**
19. **Wasserrad; oberschlächtiges Zellenrad (Ø 4,50 m)**
20. **Mühlenbach**
21. **Gosse oder Gerinne**
22. **Zwischenstück**

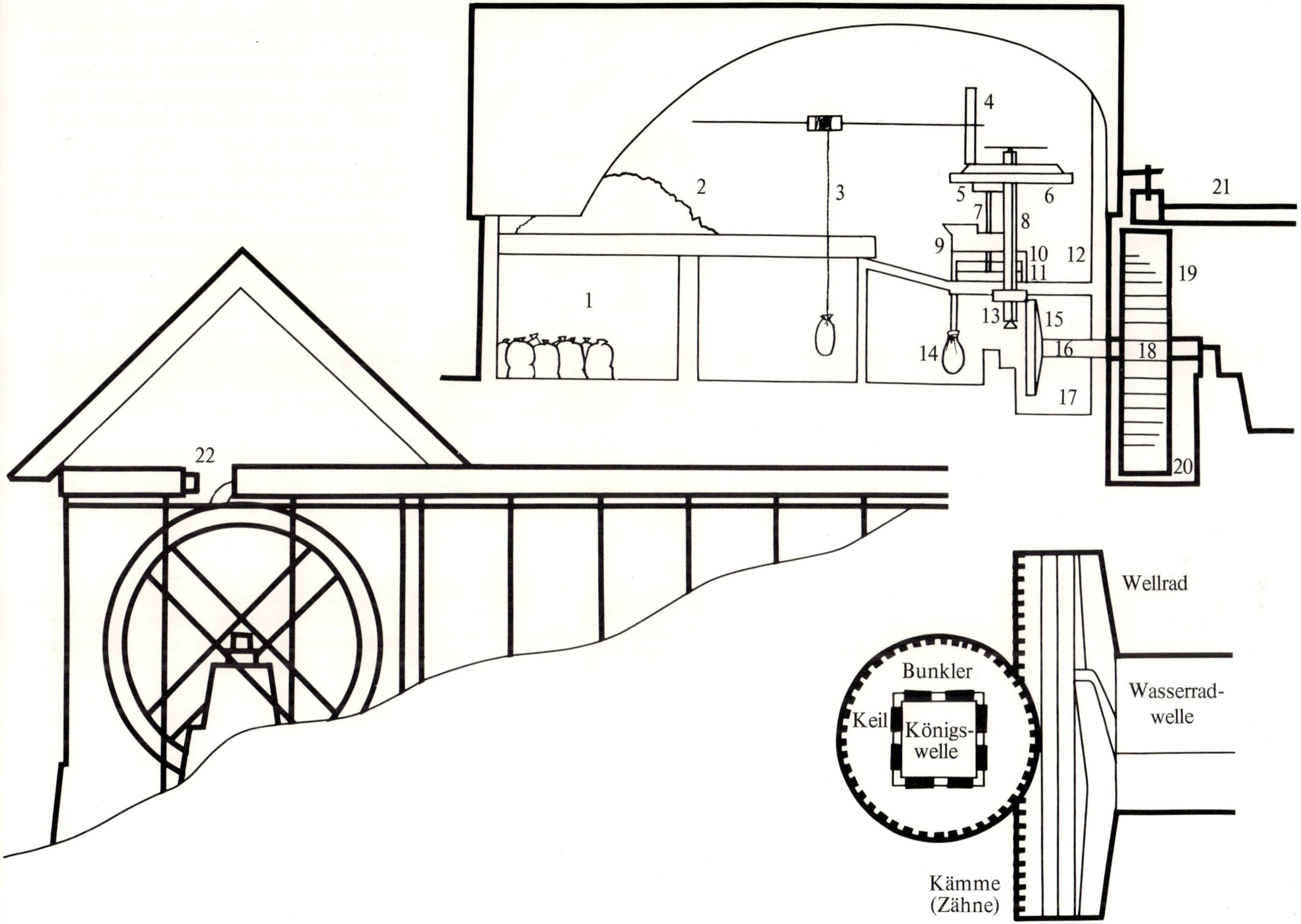
1
2
3
4
5
6
7
8
9
10
11
12
13
14
15
16
17
18
19
20
21
22
Wellrad
Bunkler
Keil
Königs-
welle
Wasserrad-
welle
Kämme
(Zähne)

Das Schriftwerk im Sachsenspiegel in der Aufzeichnung von Homeyer wird von einer Bildersprache begleitet.
Im § 66/1 bezeichnen die Bilder:
(Ldr. II 66 § 1.) Der König weist auf die Lilie, das Symbol des Friedens. Vor ihm stehen ein Mönch, ein Weltgeistlicher, eine Frau (mit Haube), ein Mädchen und ein Jude. Zwei der Gestalten zeigen auf den König als den Urheber ihres Sonderfriedens, die übrigen sprechen ihn mit Redegebärden an, während die Frau und der Säkularkleriker mit den Gesten ihrer linken Hände den Inhalt dieser Ansprache als Forderung nach Erteilung des Friedens näher angeben. (Ldr. II 66 § 1 Satz 2.)
Von den im Text genannten Friedensstätten sind Kirche und Mühle dargestellt, dazu der Pflug als gefriedete Sache.

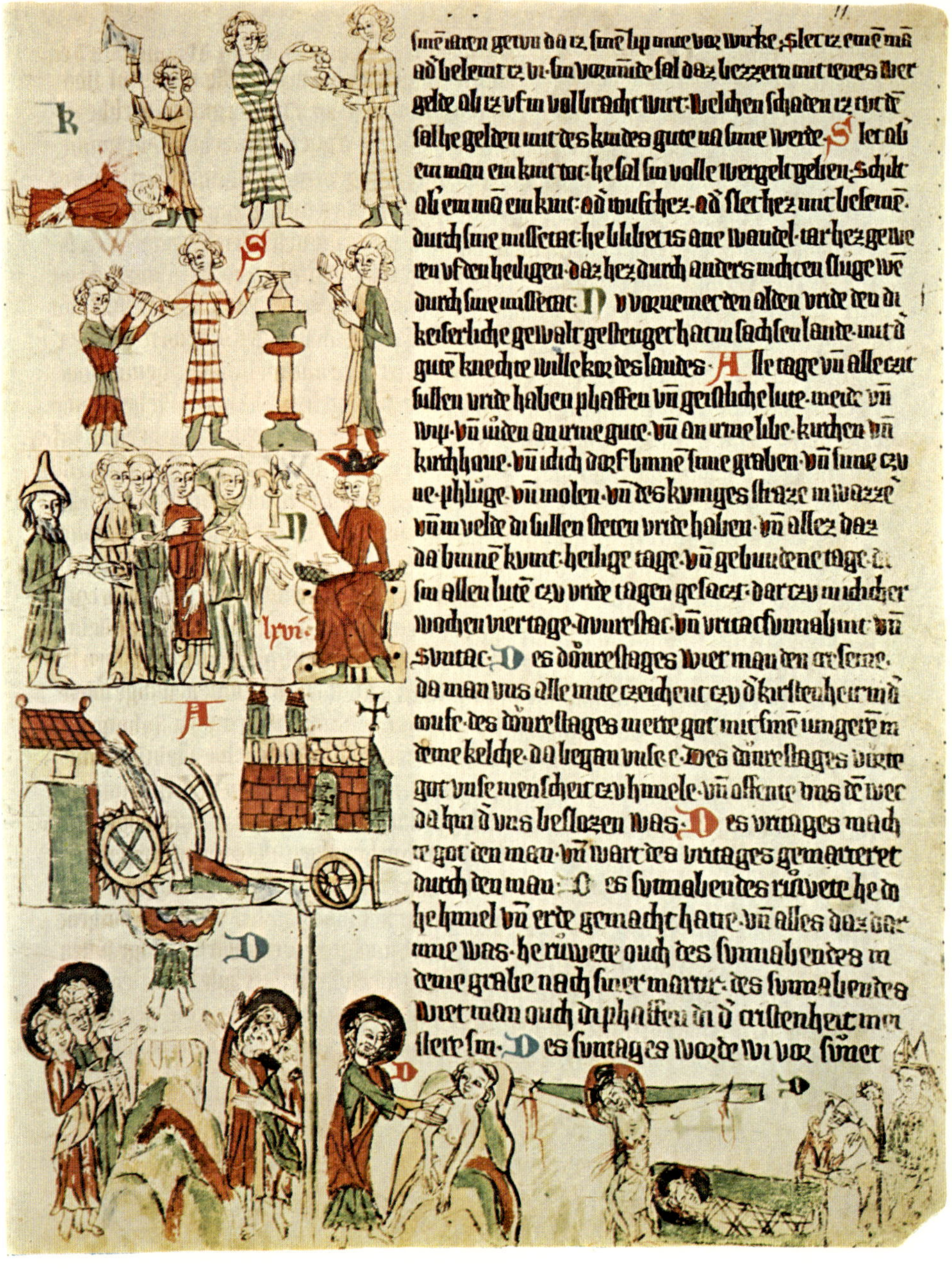

sinē iaren getvn, da iz sinē lip mite vor wirke. slet iz einē mā
ad belemt iz vi, sin vormūde sal daz bezzern mit ienes wer
gelde, ab iz vf in volbracht wirt. welchen schaden iz tvt, dē
sal he gelden mit des kindes gute na sime werde. § 2 Slet ab
ein man ein kint tot, he sal sin volle wergelt geben. schilt
ab ein mā ein kint ad rouft hez ad slet hez mit besemē
durch sine missetat, he blibet is ane wandel, tar hez gewe
ren vf den heiligen, daz hez durch anders nicht en slůge wē
durch sine missetat. 66 § 1 Nv vornemet den alden vride, den di
keiserliche gewalt gestetiget hat in sachsen lande mit d
gutē knechte willekor des landes. Alle tage vn̄ alle czit
sullen vride haben phaffen vn̄ geistliche lute, meide vn̄
wip vn̄ iůden an irme gute vn̄ an irme libe, kirchen vn̄
kirchhoue vn̄ iclich dorf binnē sime graben vn̄ sime czv
ne. phlůge vn̄ molen vn̄ des kvniges straze in wazze
vn̄ in velde, die sullen steten vride haben vn̄ allez, daz
da binnē kvmt. § 2 heilige tage vn̄ gebundene tage, di
sin allen lutē czv vride tagen gesaczt. dar czv in iclicher
wochen vier tage: dvnrestac vn̄ vritac, svnnabint vn̄
svntac. Des donrestages wiet man den creseme,
da man vns alle mite czeichent czv d kirstenheit in d
toufe. des dŏnrestages merte got mit sinē iungerē in
deme kelche. da began vnse e. Des dŏnrestages vŏrte
got vnse menscheit czv himele vn̄ offente vns dē wec
da hin, d vns beslozen was. Des vritages mach
te got den man vn̄ wart des vritages gemarteret
durch den man. Des svnnabendes růwete he, do
he himel vn̄ erde gemacht hatte vn̄ alles, daz dar
inne was. he růwete ouch des svnnabendes in
deme grabe nach siner martir. des svnnabendes
wiet man ouch di phaffen, di d cristenheit mei
stere sin. Des svntages worde wi vor sv̊net

solange es unmündig ist, eine Tat begehen, mit der es sein Leben verwirkt. Erschlägt es einen Mann oder verletzt es ein Tier, dann ist sein Vormund verpflichtet, dafür Ersatz zu leisten mit des Verletzten Wergeld, wenn gegen ihn der Beweis erbracht wird. Jeden Schaden, den das Kind anrichtet, den muß er nach seinem Wert mit dem Vermögen des Kindes bezahlen. § 2 Schlägt dagegen ein Mann ein Kind tot, so muß er dessen volles Wergeld zahlen. Schilt jedoch ein Mann ein Kind oder rauft er es bei den Haaren oder schlägt es mit einer Rute wegen seines Vergehens, dann braucht er dafür keinerlei Zahlung zu leisten, wenn er sich getraut, mit dem Eid auf die Reliquien zu beweisen, daß er es aus keinem anderen Grunde schlug, als wegen seines Vergehens. § 66 I Nun vernehmt den alten Frieden, den der Kaiser im Sachsenlande bekräftigt hat mit Einwilligung der Ritter des Landes: Alle Tage und zu jeder Zeit sollen Frieden haben Pfaffen und geistliche Leute, Mädchen und Frauen, Juden an ihrem Vermögen und an ihrem Leben, Kirchen und Kirchhöfe, jedes Dorf innerhalb seines Grabens und seines Zaunes, Pflüge und Mühlen und des Königs Straße zu Wasser und zu Land, die sollen dauernden Frieden haben und desgleichen alles, was dort hineingelangt. § 2 Heilige Tage und gebundene Tage, die sind allen Menschen zu Friedenstagen bestimmt, dazu in jeder Woche vier Tage: Donnerstag, Freitag, Sonnabend und Sonntag. Donnerstags weiht man das Salböl, mit dem man uns alle in der Taufe als Glieder der Christenheit zeichnet. Am Donnerstag nahm Gott mit seinen Jüngern das heilige Abendmahl. Damals begann unsere Glaubenslehre. Am Donnerstag führte Gott unsere Menschheit[I] zum Himmel und öffnete uns den Weg dahin, der uns verschlossen war. Des Freitags machte Gott den Menschen und wurde am Freitag gemartert um des Menschen willen. Sonnabends ruhte er, als er Himmel und Erde gemacht hatte und alles, was darinnen war. Er ruhte auch des Sonnabends nach seiner Marter im Grabe. Am Sonnabend weiht man auch die Geistlichen, die der Christenheit Lehrer sind. Am Sonntag wurden wir

I d. i. Christus

MÜHLENRECHTE

Der Besitz der Mühlen war wechselhaft und wurde von der Geschichte geprägt. Zunächst wurden Wind- und Wassermühlen in der Regel von den jeweiligen Landesherren errichtet und betrieben, wobei die Arbeit von Unfreien verrichtet wurde, die auf den Höfen wohnten.

Im Registrum bonorum[6]), dem Verzeichnis der „Erzbischöflichen Güter und Rechte des Erzbistums Bremen" aus der Zeit um 1500 wurde geschrieben:

„Item so de van Kustedt, Gyle,
Bredelyt, Hennecke tor molem
unde de van Osterwede dess
Stichtees unschuldige Meyger
syndt unde de dorpe mit alle
gerechtigkeit dem Stichte to-
behoren".

„Ebenso die von Kuhstedt, Giehle,
Brillit, Hennecke zur Mühle
und die von Osterwede des
Stiftes unschuldige Meier[7])
sind und die Dörfer mit aller
Gerechtigkeit dem Stifte zu-
behören".

Mit der zunehmenden örtlichen Machtkonzentration ging oftmals das Recht an die Stammes- und Kirchenfürsten über. Diese bauten Mühlen, die sie teils bewirtschafteten oder an verdiente Hofleute als Lehen weitergaben. In späteren Zeiten wurde die Konzession zum Bau einer Mühle dann gegen einen entsprechenden Zins abgegeben. So sagt z. B. das Registrum des Bremer Erzbischofs Rohde (1498 - 1510):

„Alle strome und watere kamen
enem herren dessen landes tho -
nemand mach dar reste offt
molen buwen, dat insche mit der
herschup willen. - de wind
kumpt der herschup to unde
nemand mach windmolen buwen
ane de herschup willen".

„Alle Ströme und Gewässer kom-
men einem Herren des jeweiligen
Landes zu, niemand darf da Rast-
stätten oder Mühlen bauen, außer
mit der Herrschaft Willen. Der
Wind kommt der Herrschaft zu
und niemand darf Windmühlen
bauen ohne der Herrschaft Willen".

Getreidehohlmaße
Himten, Vahrendeehl (Bremer Viertel), Spint

6) Registrum bonorum et jurium castri Vorde citra et ultra Oestam (Verzeichnis der zur erzbischöflichen Vogtei Bremervörde gehörigen Rechte vom Jahre 1500. Auf Anordnung des Erzbischofs Rohde aufgezeichnet)

7) unschuldige Meier = leibeigene Meier, Angehörige, die keine eigenen Entscheidungen treffen konnten, sondern nur als Arm des Herrn galten und daher auch nicht für ausgeführte Taten belangbar waren.

8) Franz Engel, Tabellen alter Maße, Gewichte und Münzen im Methodischen Handbuch für Heimatforschung in Niedersachsen, 1965

ALTE GETREIDEMASSE:[8)]

1 Last	= 16 Malter	= 48 Scheffel	= 96 Himten
	= 25 Wispel	= 10 Scheffel	= 100 Himten (Celle)
	= 4 Wispel	= 8 Drömt	= 96 Scheffel (Mecklbg.)
1 Fuder	= 13 Malter	= 39 Scheffel	= 78 Himten
	= 8 Malter	= 96 Himten (15. Jh.)	
1 Wispel	= 6 Malter	= 18 Scheffel	= 36 Himten
	= 4 Scheffel	= 40 (auch 48) Himten (Celle)	
	= 2 Drömt	= 24 Scheffel (Mecklbg.)	
1 Vierup	= 19 Scheffel	= 38 Himten	
1 Malter	= 6 Himten	= 3 Scheffel	
	= 12 Himten (15. Jh.)		
	= 12 Himten (Verden)		
1 Scheffel	= 2 Himten		
	= 8 Himten (Verden)		
	= 8 - 12 Himten (15. Jh.)		
	= 10 Himten (Celle)		
1 Himten	= 4 Spint oder Metzen (Matten)		
1 Metze (Spint)	= 2 Stübchen oder Hoop		
1 Stübchen (Hoop)	= 2 Mühlenköpfe		

1 Scheffel Haseler Maß (Freie b. Hann) = 1 Scheffel 2 ¾ Himten Celler Maß
1 Scheffel Peiner Maß = 1 Scheffel 3/4 Himten Celler Maß
19 braunschweiger Himten = 26 Celler Himten
1 hannoverscher Scheffel = 1,2 berliner Scheffel = 1,8 lübecker Scheffel

	hann. Himten (seit 1836)
1 alter Himten (Bederkesa, Lehe)	0,3 - 0,4
1 hamburger Viertel	0,48
1 alter Himten (Bremer Viertel, Bederkesa, Otterndorf)	0,5 - 0,6
1 alter Himten (Achim, Schlüsselburg, Syke, Verden)	0,6 - 0,7
1 alter Himten (Hoya, Stolzenau, Wildeshausen, Wölpe)	0,7 - 0,8
1 alter Himten (Bremervörde, Diepholz, Freudenburg, Hameln, Otterndorf, Pattensen, Thedinghausen)	0,8 - 0,9
1 althannoverscher Himten	0,82
1 alter Himten (Braunschweig, Stade)	0,9 - 1,0
1 alter Himten (Buxtehude, Duderstadt, Hildesheim, Schaumburg)	1,0 - 1,1
1 alter Himten (Goslar)	1,31
1 mindener Weitscheffel	1,91

1 Scheffel = 2 Himten = ca. 38 - 43 kg Roggen oder Weizen
= ca. 33 - 39 kg Gerste
= ca. 23 - 26 kg Hafer

GRUNDLASTEN

Nach der Reformation ging durch die Säkularisation (1803 Reichsdeputationshauptschluß) ein Großteil des kirchlichen Besitzes an die Landesherren über. Im Gebiet des jetzigen Landkreises kam er an das Herzogtum Bremen/Verden und späterhin an das Königreich Hannover.
Später, ab 1831, wurde dann das Gesetz zur Ablösung der Grundrechte und Grundlasten erlassen, das etwa bis zum Jahre 1900 durchgeführt wurde. In der Regel wurde dabei gegen Zahlung des 25fachen Betrages des geschätzten Jahresertragswertes die Grundlast abgelöst und z. B. der Müller damit freier Eigentümer der Mühle.
Bei der Vergabe einer Mühle vor 1831 als Lehen oder bei der Erteilung einer Konzession wurde ein Zins gefordert. Der Müller mußte diese laufenden Lasten aufbringen. Seine Einnahmen waren dabei die Mahltaxen, die festgelegt waren und die er nicht überschreiten durfte.
Die dabei benutzten Maßeinheiten haben sich aus der Vergangenheit entwickelt. Kornmühlen waren ja zunächst sogenannte Tauschmüllereien, d. h., sie erhielten für ihre Arbeit einen Anteil der verarbeiteten Ware. Die Tauschmenge schwankte je nach Obrigkeit zwischen 1/12 bis 1/16 des Mahlgutes. Zur Feststellung der Mahlmenge wurde nicht gewogen, sondern das sogenannte Mattegefäß (Matte, Metze), ein rundes griffloses Holzgefäß, benutzt. Leider waren sie jedoch von Mühle zu Mühle verschieden groß, so daß im Herzogtum Bremen/Verden ein einheitliches Maß nicht gegeben war. Dies veranlaßten 1749 die Regierungsräte v. d. Decken und v. Berlepsch, auf dem Verordnungswege (Himtenerlaß) ein Normmaß für das Herzogtum Bremen/Verden einzuführen.

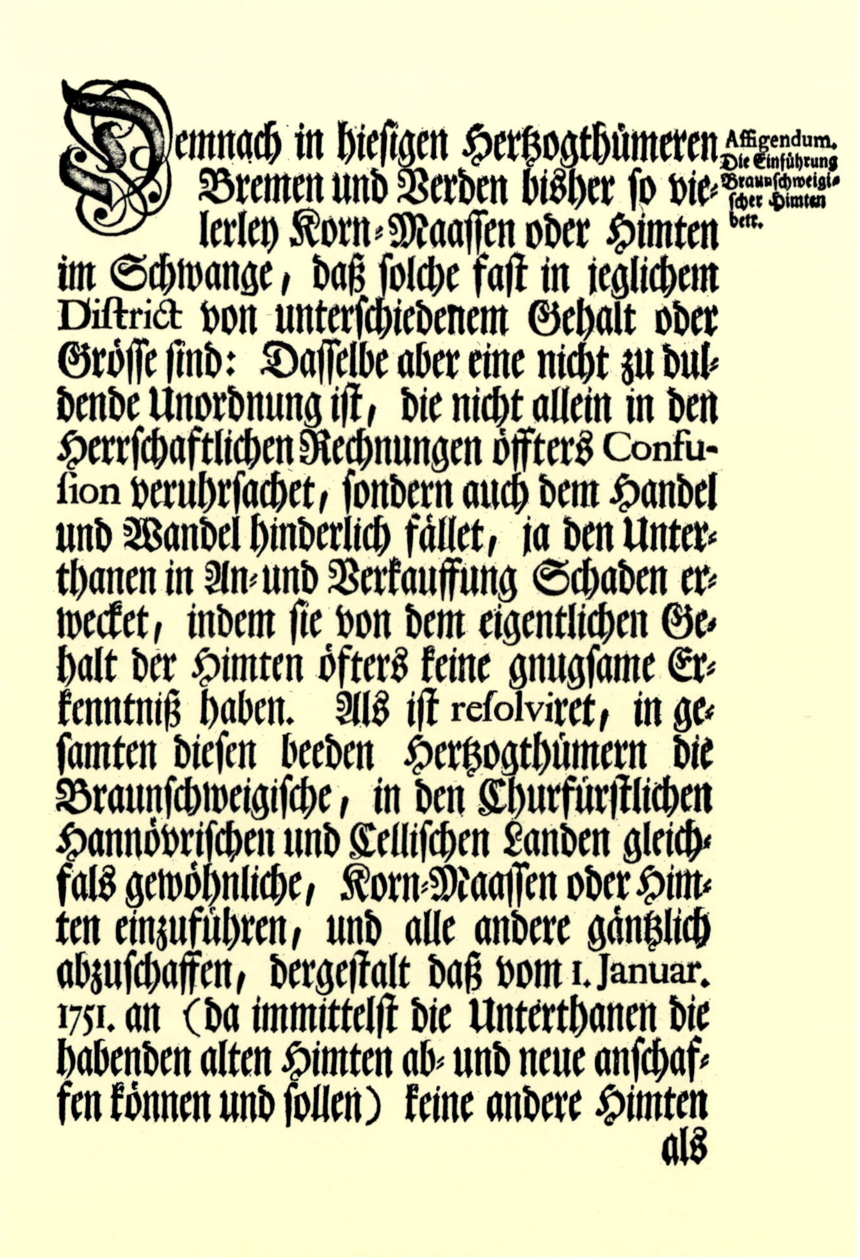

Demnach in hiesigen Hertzogthümeren Bremen und Verden bisher so vielerley Korn-Maassen oder Himten im Schwange, daß solche fast in jeglichem District von unterschiedenem Gehalt oder Grösse sind: Dasselbe aber eine nicht zu duldende Unordnung ist, die nicht allein in den Herrschaftlichen Rechnungen öffters Confusion veruhrsachet, sondern auch dem Handel und Wandel hinderlich fället, ja den Unterthanen in An- und Verkauffung Schaden erwecket, indem sie von dem eigentlichen Gehalt der Himten öfters keine gnugsame Erkenntniß haben. Als ist resolviret, in gesamten diesen beeden Hertzogthümern die Braunschweigische, in den Churfürstlichen Hannövrischen und Cellischen Landen gleichfals gewöhnliche, Korn-Maassen oder Himten einzuführen, und alle andere gäntzlich abzuschaffen, dergestalt daß vom 1. Januar. 1751. an (da immittelst die Unterthanen die habenden alten Himten ab- und neue anschaffen können und sollen) keine andere Himten als

Affigendum. Die Einführung Braunschweigischer Himten betr.

als ermeldete Braunschweigische im Handel und Wandel, bey 20 Rthlr. Straffe halb für den Denuncianten und halb für den Fiscum, sollen gebrauchet werden. So viel jedoch die Zinß-Früchte anlanget, wird der Gebrauch der bisher gewöhnlichen Himten und Korn-Maassen so lange noch frey gelassen, bis entweder der Guts-Herr mit seinen Zinß- oder Meyerleuthen sich darüber privatim verglichen, oder auch deshalben eine Commission zur Rectification, dem Befinden nach gesuchet und erhalten hat.

Zu Anfangs bemeldeten Ende werden allhier zu Stade Braunschweigische Himten und Spinten verfertiget, geeicht, und mit dem Brem- und Verdischen Stempel gebrannt: folglich sollen davon an jegliches Amt und Gericht 2 Stück gesandt werden, damit sie zur norma dienen, wornach die Unterthanen ihre Himten und Spinte eichen lassen müssen.

Nahmens Seiner Königl. Majestät und Churfürstlichen Durchlauchtigkeit Unsers Allergnädigsten Herrn, wird allen Unterthanen und Einwohnern dieser Hertzogthümer Bremen und Verden ernstlich anbefohlen, sich hiernach zu achten, so lieb einem jeden seyn kann, ermeldete Strafe zu vermeiden: insonderheit auch allen Obrigkeiten aufgegeben, darüber gute Aufsicht zu halten, und gegen die Contravenienten mit der verordneten Straffe zu verfahren.

Damit sich niemand mit der Unwissenheit entschuldigen könne, soll dieses an allen gewöhnlichen Orthen öffentlich angeschlagen werden. Stade, den 24. Dec. 1749.

Königl. Groß-Britannische und Churfürstl.
Braunschweig-Lüneburgische / zur Regierung der
Hertzogtühmer Bremen und Verden, verordnete
Geheimer Raht und Regierungs-Rähte.

C. v. d. Decken. J. W. L. v. Berlepsch.

WÄHRUNGEN

Im Laufe der Zeit bürgerte sich dann zusätzlich ein Mahlgeld ein, daß letztlich das Mattegefäß ablöste. Das Mahlgeld wurde in der jeweiligen Währung erhoben, was bei den verschiedenen Münz- und Währungsarten heute nicht mehr so einfach zu verstehen ist.

Währungen:[9])

8. bis 13. Jahrhundert	= Pfennigwährung (Denare/Silber)
14. bis 15. Jahrhundert	= Groschenwährung (Schillinge)
15. bis 16. Jahrhundert	= Guldenwährung (Gold)
16. bis 19. Jahrhundert	= Thalerwährung (Silber)
1873 - 1923	= Goldwährung

Münzrelationen:

Bis ca. 1500	1 Mark	= 32 Grote = 384 Pfennige (Bremen)
ca. 1500 - 1550	1 Gulden	= 24 Schillinge (Stade)
1550 - 1600	1 Thaler	= 54 Grote (Bremen)
		= 31 Schillinge (Stade)
	1 Mark	= 16 Schillinge (Stade)
ca. 1600 - 1650	1 Thaler (Rthlr.)	= 24 Groschen = 288 Pfennige

Danach vielfältige Währungen bis Ende des 18. Jahrunderts. Ab 1871 einheitliche Einführung der Münzeinheit „Mark". Gründung des Deutschen Reiches.

Münzsorten	Ausgabe-länder	1780/90 in Conventions-Münze Rthlr.	Gr.	Pf.	ab 1871 Münzeinheit Mark in Pfennig
Bremer Thaler = 72 Grote	Bremen	1	-	-	288
Speziesthaler = 1 1/3 Rthlr.	Reich	1	8	-	384
Courantthaler = 1 1/2 Rthlr.	Reich	1	-	-	288
Gulden = 16 Gr.	Reich	-	16	-	192
Kopfstück	Reich	-	5	4	64
Siebzehner	Reich	-	4	6	54
Düttgen = 4 1/2 Grot	Bremen	-	1	6	18
Engl. Pfund Sterling	England	6	7	9	1.817
Engl. Schilling	England	-	7	6	90
Flinrich = 4 Grot	Bremen	-	1	4	16
Franc oder Livre = 20 Sous	Frankreich	-	6	-	72
Georgsd'or	Hannover	5	-	-	1.440
Goldgulden, Hannoversche	Hannover	2	3	1	613
Rheinische	Reich	2	2	2	602

Münzsorten	Ausgabe-länder	1780/90 in Conventions-Münze Rthlr.	Gr.	Pf.	ab 1871 Münzeinheit Mark in Pfennig
Grot = 1/72 Thaler	Bremen	–	–	4	4
Hannoversche Thaler = 16 Mariengroschen	Hannover	1	2	8	320
Königsthaler, Dickthaler = 25 Batzen	Reich	1	2	8	320
Kopfstück = 12 Grot	Bremen	–	4	–	48
Lüneburger Gulden	Lüneburg	–	17	9	213
Mariengroschen	Hannover	–	–	8 4/7	8 4/7
Mark Banco = 16 Schill.	Hamburg	–	11	7	139
doppelte = 48 Grot	Bremen	–	16	–	192
löthiges Gold = 72 Goldg.	Reich	96	–	–	27.648
Neues Zweidrittel = 24 Mariengroschen	Reich	–	17	9	213
Ort-Thaler	Niedersachsen	–	6	–	72
Pfennig, guter = 1/12 Groschen	Reich	–	–	1	1
leichter	Reich	–	–	2/3	2/3
Reichsgulden = 16 Gr.	Reich	–	17	9	213
Reichs-Thaler (1763)	Reich	1	–	–	288
Rheinischer Goldgulden	Reich	2	2	2	602
Schilling	England	–	7	6	90
= 1 1/2 Grot	Bremen	–	–	6	6
Schwar = 1/5 Grot	Bremen	–	–	4/5	4/5
Speziesthaler	Reich	1	8	–	384
Thaler (1763)	Reich	1	–	–	288
Speziesthaler (1763)	Reich	1	8	–	384
Witte (Weißpfennig) = 1/144 Rthlr.	Niedersachsen	–	–	2	2
Zweydrittel, altes	Reich	–	20	4	244

9) Franz Engel, Tabellen alter Maße, Gewichte und Münzen im Methodischen Handbuch für Heimatforschung in Niedersachsen, 1965

Mahl-Taxe

für das

Amt Osterholz.

Mit Genehmigung des Königlichen Ministerii des Innern wird der Lohn auf sämmtlichen Mühlen des hiesigen Amtsbezirks für Verfertigung von Mehl, Schrot und Graupen bis zu weiterer Verfügung festgestellt, wie folgt:

§ 1.

Der Müller erhält für Umwandlung

I. von Weizen:

a. bei kleinen Quantitäten (weniger als 3 Himten oder 5 Viertel):

1) für das Mahlen allein:
pro Himten . . . . 2 *Gr.* 6 ₰
„ Viertel . . . . 1 „ 6 „

2) für das Mahlen und Beuteln:
pro Himten . . . . 3 *Gr.* 2 ₰
„ Viertel . . . . 2 „ — „

3) für Spitzen, Mahlen und Beuteln:
pro Himten . . . . 4 *Gr.* — ₰
„ Viertel . . . . 2 „ 4 „

b. bei größeren Quantitäten:

1) für Mahlen allein:
pro Himten . . . . 2 *Gr.* — ₰
„ Viertel . . . . 1 „ 3 „

2) für Mahlen und Beuteln:
pro Himten . . . . 2 *Gr.* 6 ₰
„ Viertel . . . . 1 „ 6 „

3) für Spitzen, Mahlen und Beuteln:
pro Himten . . . . 3 *Gr.* — ₰
„ Viertel . . . . 1 „ 8 „

II. von Roggen und Buchweizen zu Mehl:

1) für Mahlen allein:
pro Himten . . . . 1 *Gr.* 4 ₰
„ Viertel . . . . — „ 8 „

2) für Mahlen und Beuteln:
pro Himten . . . . 2 „ — „
„ Viertel . . . . 1 „ 2 „

III. von Hülsenfrüchten ohne Unterschied der Getreidearten zu Branntweinschrot:

pro Himten . . . . 1 *Gr.* — ₰
„ Viertel . . . . — „ 6 „

und wird dasselbe ausdrücklich fein verlangt:

pro Himten . . . . 1 *Gr.* 2 ₰
„ Viertel . . . . — „ 7 „

IV. von Hülsenfrüchten ohne Unterschied der Getreideart zu Viehschrot:

pro Himten . . . . 1 *Gr.* 2 ₰
„ Viertel . . . . — „ 7 „

und wird dasselbe ausdrücklich fein verlangt:

pro Himten . . . . 1 *Gr.* 4 ₰
„ Viertel . . . . — „ 8 „

V. von Gerste oder Weizen zu Graupen:

pro Himten . . . . 2 *Gr.* 5 ₰
„ Viertel . . . . 1 „ 5 „

nebst dem Abfall.

Für weniger als 1 Himten resp. 1 Viertel erfolgt die Vergütung verhältnißmäßig nach Maaß und Taxe unter Annahme der Bruchpfennige zu voll.

§ 2.

Vorstehende Mahltaxe kommt nicht zur Anwendung:

a. wenn mehr als zweimaliges Aufschütten verlangt wird;

b. wenn das Mahlgut feucht oder unrein ist und der Müller vor dem Mahlen dem Mahlgast erklärt, daß solches aus diesem Grunde gegen die taxmäßige Vergütung nicht verarbeitet werden kann.

In beiden Fällen hat sich der Mahlgast mit dem Müller gütlich zu einigen oder das Mahlgut zurückzunehmen.

§ 3.

Die bisher etwa gebräuchlich gewesenen Abgaben an die Müller und deren Gehülfen an Mahl-, Beutel- oder Trinkgeldern sind verboten, ausgenommen in den Fällen gütlicher Vereinbarung. (vergl. § 2 und 7).

§ 4.

Das Beuteln, das bisher durch die Mahlgäste zu verrichten war, hat künftig der Müller allein zu beschaffen.

§ 5.

Als Mahlverlust wird durchschnittlich festgesetzt:

1) für jeden Himten, der geschroten und gebeutelt wird, 2 ℔;

2) für jeden Himten, der nur gemahlen oder geschroten wird, 1 ℔,

und zwar von allen Fruchtgattungen.

Jeder Müller ist verpflichtet, in seiner Mühle eine genaue und richtige Waage zu halten, so daß die Mahlgäste sich auf Verlangen von der Richtigkeit des zurückerhaltenen Mehls überzeugen können.

Die Benutzung dieser Waage von Seiten der Mahlgäste findet unentgeltlich statt.

§ 6.

Der Müller ist befugt, das Mahlgut bis zur Entrichtung des taxmäßigen Mahllohns zurückzuhalten.

§ 7.

Die vertragsmäßige veränderte Feststellung der Vergütung für das Mahlen ꝛc. ist im einzelnen Falle zwischen dem Müller und Mahlgaste zulässig.

§ 8.

Es wird darauf aufmerksam gemacht, daß nach § 286 des Polizeistraf-Gesetzes Müller, welche mehr als den erlaubten Mahllohn von dem gemahlenen Korn nehmen, oder sonst in Beziehung auf den Mahllohn sich Ausschreitungen zu Schulden kommen lassen, sofern die Handlung nicht unter sonstige Strafbestimmungen fällt, Geldstrafe bis zu 25 *Rℓ.* verwirken. Dagegen sind auch die Mahlgäste zur richtigen und genauen Angabe des aufgelieferten Getreidequantums nach gestrichener Maaße verpflichtet.

Osterholz, den 1. November 1863.

Königliches Amt.

(gez.) ***Wyneken.*** (gez.) ***v. Bock.***

POLITISCHE GESCHICHTE

Zu den verwirrenden Maßen und unterschiedlichen Geldeinheiten kommt dann noch die wechselhafte politische Geschichte unseres Landes.

500 n. Chr.	Germanenreich Sachsen
768 - 814	Reich der Franken
784	Karl der Große, Strafgericht zu Verden
843 - 876	Ost-Franken-Reich, Ludwig der Deutsche
845	Bildung des Erzbistums Bremen als kirchliche Einheit
919 - 936	Reich der Deutschen, Herzog Heinrich von Sachsen
1138 - 1254	Staufer Reich
1236	Die Kirche erhält durch Otto den Großen weltliche Macht
1236 - 1648	Landesherrliche Obrigkeit durch das Erzbistum Bremen für die Herzogtümer Bremen und Verden
1648	Westfälischer Friede Bremen wird als Land selbständig Herzogtümer Bremen und Verden an Schweden (Christine von Schweden), von dort als Abfindung an Prinzessin Eleonora Chatharina, verheiratet mit Landgraf Friedrich von Hessen-Eschwege
1692	Rückfall an Schweden Bildung der Ämter Lilienthal und Osterholz unter schwedischer Herrschaft
1712 - 1715	Dänischer Besitz
1715	Herzogtümer werden von Hannover käuflich erworben, Personalunion Hannover/England, Englischer König ist zugleich Kurfürst von Hannover, bis 1737
1757/58	Französische Besetzung (siebenjähriger Krieg)
1801	Preußische Besetzung
1803 - 1813	Besetzung durch Napoleon, „Armee d'Hannovre", 5. Juni 1803 Besetzung von Hannover
1815	Königreich Hannover
1866	Besitzergreifung durch Preußen (Schlacht bei Langensalza)
1871	Deutsches Reich

WIND- UND WASSERMÜHLEN IM LANDKREIS OSTERHOLZ

Soweit noch feststellbar, wurden im Landkreis Osterholz im Laufe der Zeit bis 1882 40 Wind- und Wassermühlen gebaut. Hinzuzurechnen sind dann noch die vielfältigen Walk-, Öl- und Sägemühlen des Landkreises.

1182	erstmalig Ritter von Westerbeck erwähnt. Wassermühlen waren die ersten Wirtschaftsanlagen eines Ritterhofes
1185	wurde nach Gründung des Klosters Osterholz der Bach in das Klostergebiet umgeleitet und eine Wassermühle errichtet
1219 - 1258	zur Zeit von Erzbischof Gerhard hat die „Gyhler Wassermühle" bereits bestanden
1233	wurde nach der Gründung des Klosters Lilienthal ein Stau an der Wörpe angelegt und eine Wassermühle gebaut
1300	Wassermühle Fehsenfeld, errichtet als Klostermühle, später als Amtsmühle
1313	Bremer Erzbischof verleiht der Familie von Wersebe ein Burglehn in Meyenburg. Die erste Errichtung einer Wassermühle ist anzunehmen.
1430	errichteten die Ritter von Stelle in Göspe bei Neuenkirchen eine Wassermühle
1500	Wassermühle Brockmannsmühlen, erbaut als Mühlenhof und Furtstation an der alten Heerstraße Bremen–Bremerhaven durch die Ritter von Meyenburg
1590	wurde in Osternheide bei Osterholz-Scharmbeck eine Windmühle erwähnt, in der Erzbischof Friedrich Christian IV auf der Reise von Basdahl nach Bremen übernachtete
1620	gilt als das Mindestalter der Wassermühle Ruschkamp, die von 1662 bis jetzt ununterbrochen im Besitz der Familie Wehmann ist
1700	Bau der Windmühle in Worpswede (kleinere Bockmühle)
1746	Bau der Windmühle in Seebergen
1755	Bau der Windmühle in Hüttenbusch
1769	Bau der Windmühle in Heidkamp in Osterholz (Hafen)
1781	Bau der Windmühle am Hohenberge, Osterholz
1795	Bau der Windmühle in Myhle
1800	Bau der Windmühle in Aschwarden (I. Bau)
1825	Bau der Windmühle in Leuchtenburg
1839	Bau der Windmühle in Worpswede (II. Bau)
1846	Bau der Windmühle in Adolphsdorf
1850	Bau der Windmühle in Ohlenstedt-Haslah
1850	Bau der Windmühle in Hambergen
1850	Bau der Windmühle in Aschwarden (II. Bau)
1852	Bau der Windmühle in Ostersode
1860	Bau der Windmühle in Ritterhude
1860	Bau der Windmühle in Schlußdorf
1860	Bau der Windmühle in Tüschendorf
1860	Bau der Windmühle in Grasberg
1860	Bau der Windmühle in Wörpedorf
1860	Bau der Windmühle in Worphausen
1863	Bau der Windmühle in Mevenstedt
1870	Bau der Windmühle in Frankenburg
1870	Bau der Windmühle in Schwanewede
1872	Bau der Windmühle in Lübberstedt
1880	Bau der Windmühle in Wallhöfen
1882	Bau der Windmühle Osterholz-Scharmbeck, von Rönn

ohne Datenfeststellung

Wassermühle Bredbeck, Windmühle Eickedorf, Windmühle Meinershausen, Windmühle Schleenstedt.

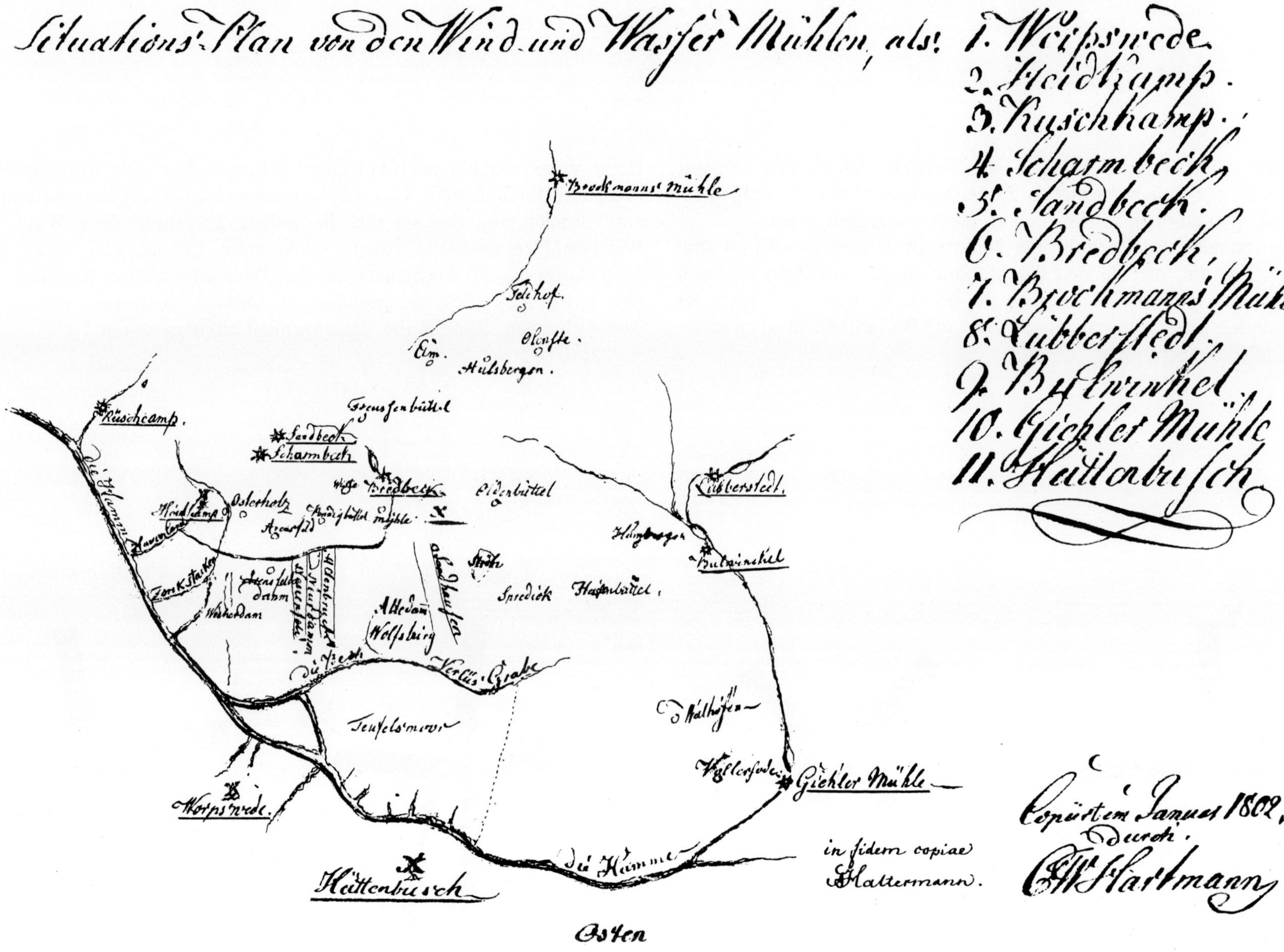
Situations-Plan von den Wind- und Wasser Mühlen, als:
1. Worpswede
2. Heidkamp.
3. Ruschkamp.
4. Scharmbeck,
5. Sandbeck.
6. Bredbeck,
7. Brockmanns Mühle
8. Lübberstedt
9. Bulwinkel
10. Giehler Mühle
11. Hüttenbusch
Brockmanns Mühle
Lübberstedt
Bulwinkel
Giehler Mühle
Worpswede
Hüttenbusch
die Hamme
Teufelsmoor
Osten
Copiirt im Januar 1802. durch C. W. Hartmann
in fidem copiae
Hattermann

Die Windmühlen waren schließlich so zahlreich, daß es den Müllern möglich war, sich mit Sichtzeichen zu verständigen. Durch verschiedene Flügelstellungen konnten Nachrichten im Land verbreitet werden.
Mit dem Wandel der Technik, als Motorkraft billiger als Wind- und Wasserkraft wurde, war die Zeit der Mühlen dahin. Zum Ruin verurteilt setzte dann das große Mühlensterben der letzten 50 Jahre ein. Auch der Versuch, durch Einbau von Motorantrieben die Wirtschaftlichkeit zu erhalten, half letztlich nicht mehr.

Heute stehen wir nur noch vor einem traurigen Rest alter Müllertradition und alter Mühlenbauten. Umso bewundernswerter ist die Zähigkeit einzelner Familien, mit der sie um die weitere Erhaltung ihrer Wind- und Wassermühlen gekämpft haben. Ohne ihren Einsatz wäre unser Land schon lange um ein landschaftstypisches Wahrzeichen ärmer gewesen.
Hier gilt es zu helfen, die bestehenden Mühlen zu wahren, um unserer Nachwelt einen Blick in die Vergangenheit offen zu halten.

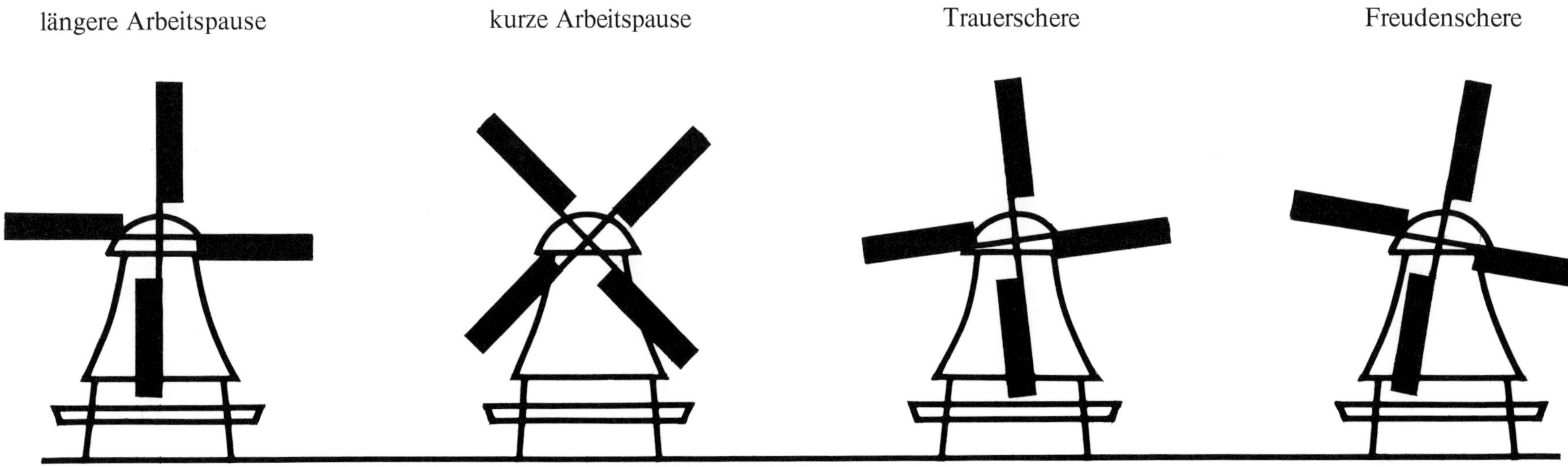

MÜHLENBESTAND

Nach erheblichen Restaurierungsanstrengungen können heute wieder die folgenden Bauten als sehenswerter Bestand der Osterholzer Mühlenstraße aufgezählt werden:

I. funktionsfähige Windmühlen

Aschwarden	Erstkonzession 1800, Galerieholländer - erbaut 1850, Brand und Neubau 1896, renoviert 1970
Osterholz-Scharmbeck, Stadtmitte	Viergängeholländer, erbaut 1882, renoviert 1958
Ostersode	zweistöckiger Holländer mit Galerie, 1852 erbaut, bis 1930 mit Windantrieb, durch den Landkreis 1977 renoviert
Worpswede	I. Bau 1700 als Bockwindmühle, II. Bau 1839 als Holländer, mehrfach restauriert, zuletzt 1957 und 1975
Lübberstedt	Erdholländer mit Durchfahrt, Baujahr 1872, durch Brand 1909 vernichtet und wieder aufgebaut, Holzschindeldach
Myhle	1795 als Galerieholländer durch den Moorvoigt H. Kohlmann gebaut, 1976 durch den Landkreis renoviert.

II. funktionsfähige Wassermühlen

Meyenburg	uralte Gutsmühle (1313 Siedlungsbeginn) mit großem Mühlenteich, Neubau 1856, wird z. Z. durch den Landkreis renoviert
Ruschkamp	bestand bereits 1620, seit 1662 im Besitz der Familie Wehmann, 1972 abgebrannt, 1973 Restaurierung durch den Landkreis, 2 Mahlwerke.

III. Windmühlenrümpfe

Osterholz-Scharmbeck, am Hafen	Kornmühle, erbaut 1769, Zerstörung durch Blitzschlag 1946, jetzt Mühlengaststätte ohne Flügelwerk
Wallhöfen	Durchfahrtsholländer aus dem Jahre 1880, Restaurierung als Wohnung in Arbeit.

IV. Mühlenstaue, teils mit Wasserrad

Osterholz-Scharmbeck, Sandbeck	Kornmühle der Ritter von Sandbeck (erstmalig 1182 erwähnt), Abbruch 1971, Renovierung des Staues 1975
Osterholz-Scharmbeck, Fehsenfeld	erbaut im 13. Jahrhundert, Abbruch 1964, Renovierung von Stau und Wasserrad 1973.

WINDMÜHLE ASCHWARDEN

In Aschwarden wurde die erste Windmühle im Jahre 1800 als Mehl- und Graupenmühle konzessioniert und gebaut. Es ist gut möglich, daß es sich hierbei noch um eine Bockwindmühle gehandelt hat. Genauere Angaben fehlen leider.
Die Konzession erhielt der Müller Joachim Andreas Hayer aus Hagen, der dort bereits eine Mühle betrieb. Sie wurde auf Ansuchen der Dorfschaften Wurthfleth, Aschwarden und Rade erteilt. Diese Einwohner konnten in nassen Zeiten nicht zu den Mühlen der Geest kommen, da die Marsch bei Regenzeiten nicht passierbar war.

Andreas Meyer begründete sein Konzessionsschreiben wie folgt[10])

Nachdem die Dorfschaften Wurthfleth Aschwarden und Rahde vorgestellt haben, daß es wegen der großen Beschwerde, die für sie daraus entstehe, daß sie zu gewissen Zeiten des Jahres zu den in der Gegend befindlichen Mühlen nicht kommen könnten, die Nothdurft erfordere, in der Gegend eine neue Windmühle anzulegen, dieses auch bei der angestellten Untersuchung gegründet gefunden ist, und dann zu Anlegung einer solchen neuen Mühle unter mehreren anderen der Müller Joachim Andreas Hayer zu Hagen sich angegeben hat; so ist resolvirt[11]) worden, diesem zu Erbauung einer neuen Mehl- und Graupenmühle Concesssion zu ertheilen, wie ihm dann selbige Namens Sr. Majestät hiermit unter nachstehenden Bedingungen ertheilt wird, nämlich

1. die neue Mühle, wo möglich innerhalb eines Jahres Frist längstens aber binnen zwei Jahren ganz in Gang bringen,

---

10) Niedersächsisches Staatsarchiv Stade Rep. 80 G 161/15
11) resolvirt = resolvo = auftun, öffnen, beschlossen
12) Mühlen-Matte = Mühlengebühr

2 GUTE GROSCHEN

Nachdem die Dorfschaften Warthfleth, Aschwarden und Rahde vorgestellt haben, daß es wegen der großen Beschwerde, die für sie daraus entstehe, daß sie zu gewissen Zeiten des Jahrs zu den in der Gegend befindlichen Mühlen nicht kommen können, die Nothdurft erfordere, in der Gegend eine neue Windmühle anzulegen, dieses auch bei der angestellten Untersuchung gegründet gefunden ist, und dann zu Anlegung einer solchen neuen Mühle unter mehreren andern der Müller Joachim Andreas Hoyer zu Hagen sich angegeben hat; so ist resolvirt worden, diesem zu Erbauung einer neuen Mahl- und Graupenmühle Concession zu ertheilen, wie ihm dann selbige Namens Sr. Majestät hiermit unter nachstehenden Bedingungen ertheilt wird, nämlich

1, die neue Mühle, wo möglich innerhalb eines Jahres Frist längstens aber binnen zwei Jahren ganz in Gang bringen,

2, seine jetzige Mühle zu Hagen in ihrer bisherigen Qualität nach als vor erhalten,

3, es bei der bisher gewöhnlichen Mühlen-Metze lassen,

4, ungeachtet des seiner Mühle zu Hagen beigelegten Privilegii nicht allein die Anlegung eines Graupenganges mit einem Steine auf der Mühle zu Sandstedt, diese mag in ~~einer~~ ihrer jetzigen Beschaffenheit bleiben, oder in eine holländische Mühle in der Folge verändert werden, sich gefallen lassen, sondern auch dem Müller Bauerfeind zu Hollen derowegen in Rücksicht dessen privilegii, daß im Umfange einer Meile von der Mühle zu Hollen keine Graupenmühlen angelegt werden darf die Sandstedter Mühle aber innerhalb einer Meile davon belegen ist, die verglichenen 200 Thaler in Golde bezahlen, auch in der Folge der-

ver-

Anlegung eines zweiten Ganges,
hiernach auf jener Mühle zu Sandstedt
wenn der Müller Seedorf oder die, zu
Nachfolger solche für gut finden sollte,
unter den Bedingungen weiter ver-
abredeten, und in dem heutigen Re-
scripte Königl. Regierung an das
Amt Hagen genehmigten Bedin-
gungen nicht widersprechen.

5. Die neue Mühle auf den 3 Stücken
an der Südseite des Roggenfeldes
bei Aschwarden, wovon das eine
dem Einwohner Vinnert zu
Uthlede eigenthümlich gehört, die andern
beiden aber Johann Timmermann & Könner
daselbst von Königl. Kammer zu
Meierrecht haben, und welche drei
Stücke diese zu dem Mühlenplatze
gegen ein ihnen aus der herr-
schaftlichen Tiefhofe anzuweisendes
Äquivalent an Lande abtreten,
erbauen.

6. Wegen Bezahlung der durch die wegen
dieser Angelegenheit verursachten
Kosten, dasjenige, was darüber ver-
abredet, und denselben gemäß in
dem heutigen Rescripte Königlicher
Regierung an das Amt Hagen
fest-

festgesetzt ist, erfüllen, und

7. die von Königlicher Cammer be-
stimmten Erbenzins- und Recogni-
tions-Gelder in die herr-
schaftlichen Register bezahlen
und, in dieser Rücksicht die erfor-
derlichen Ausfertigungen bei
Königlicher Cammer gebührend
nachsuchen soll;

Übrigens findet zwar das
Gesuch des Müllers Hoja, ihm
eine Versicherung zu ertheilen,
daß zwischen Aschwarden und
Blumenthal überall keine
Mahl- und Graupenmühle wei-
ter angelegt, auch die Wasser-
mühle zu Gähse nicht in eine
Windmühle verändert werden
solle, nicht statt, weil es nicht
vorhergesehen werden kann,
ob nicht das eine oder das andere
in der Folge der Zeit durch das
Bedürfniß der Einwohner der
Gegend nothwendig werden wird,
indessen wird die Versicherung

2. seine jetzige Mühle zu Hagen in ihrer bisherigen Qualität nach als vor erhalten,

3. es bei der bisher gewöhnlichen Mühlen-Matte[12]) lassen,

4. ungeachtet des seiner Mühle zu Hagen beigelegten Privilegii nicht allein die Anlegung eines Graupenganges mit einem Steine auf der Mühle zu Sandstedt, diese mag in ihrer jetzigen Beschaffenheit bleiben, oder in eine holländische Mühle in der Folge verändert werden, sich gefallen lassen, sondern auch dem Müller Bauerfeind zu Hollen deswegen in Rücksicht dessen privilegii, daß im Umfange einer Meile von der Mühle zu Hollen keine Graupenmühle angelegt werden darf die Sandstedter Mühle aber innerhalb einer Meile davon belegen ist, die verglichenen 200 Thaler in Golde bezahlen, auch in der Folge der Anlegung eines zweiten Graupen-Steines auf jener Mühle zu Sandstedt wenn der Müller Seedorf oder dessen Nachfolger solche für gut finden sollte, unter den deswegen weiter verabredeten, und in dem heutigen Rescripte[13]) Königl. Regierung an das Amt Hagen genehmigten Bedingungen nicht widersprechen.

5. Die neue Mühle auf den 3 Stücken an der Südseite des Poggenfleths bei Aschwarden wovon das eine dem Einwohner Arp Reiners zu Uthleede eigenthümlich gehöret, die anderen beiden aber Johann Heinrich de Rönner daselbst von Königl. Kammer zu Meierrecht haben, und welche drei Stücke diese zu dem Mühlenplatze gegen ein ihnen aus der herrschaftlichen Dieckhofe[14]) anzuweisendes Äquivalent an Lande abtreten, erbauen.

6. Wegen Bezahlung der durch die wegen dieser Angelegenheit verursachten Kosten dasjenige, was darüber verabredet, und demselben gemäß in dem heutigen Rescripte Königlicher Regierung an das Amt Hagen festgesetzt ist, erfüllen, auch

7. die von Königlicher Cammer bestimmten Erbenzins- und Recognitions=Gelder[15]) in die herrschaftlichen Register bezahlen und in dieser Rücksicht die erforderlichen Ausfertigungen bei Königlicher Cammer gebührend nachsuchen soll;

Übrigens findet zwar das Gesuch des Müllers Hayer, ihm eine Versicherung zu ertheilen, daß zwischen Aschwarden und Blumenthal überall keine Mahl- und Graupenmühle weiter angelegt, auch die Wassermühle zu Göspe[16]) nicht in eine Windmühle verändert werden solle, nicht statt, weil es nicht vorhergesehen werden kann, ob nicht das eine oder das andere in der Folge der Zeit durch daß Bedürfnis der Einwohner der Gegend nothwendig werden wird, indessen wird die Versicherung dahin ertheilet, daß Königliche Regierung so wenig das eine als das andere ohne ein solches sich ergebendes dringendes Bedürfnis der gedachten Einwohner, oder wenn nicht etwa der Müller Hayer oder dessen Nachfolger durch veranlaßte gegründete Beschwerden über Behandlung der Mahlgäste oder die Art des Mahlens dazu selbst Gelegenheit geben sollte, verstatten wird.

Stade den 28. April 1800
Tit. Regiminus[17]) (L. S.[18]) Hake Dodt in fidem copiae[19]) Meltzing.

Concession zur Anlegung einer neuen Mahl- und Graupenmühle bei Aschwarden für den Müller Joachim Andreas Hayer zu Hagen.
Abschrift für den Müller J. H. Michaelis zu Aschwarden.

No. 6

Kosten 10 ggr.[20])

---

13) Rescripte = Bescheid
14) Dieckhofe = heute Einzelhof bei Aschwarden Bruch
15) Recognitionsgelder = Pachtgeld, Anerkennungsgeld
16) Göspe = Ortsteil bei Neuenkirchen
17) Tit. Regiminus = Namen der Regierung
18) L.S. = Loco Sigili = Platz für ein Amtssiegel (sigillum), auch = an Stelle des Siegels
19) in fidem copiae = für die Richtigkeit der Abschrift
20) ggr. = Gute Groschen

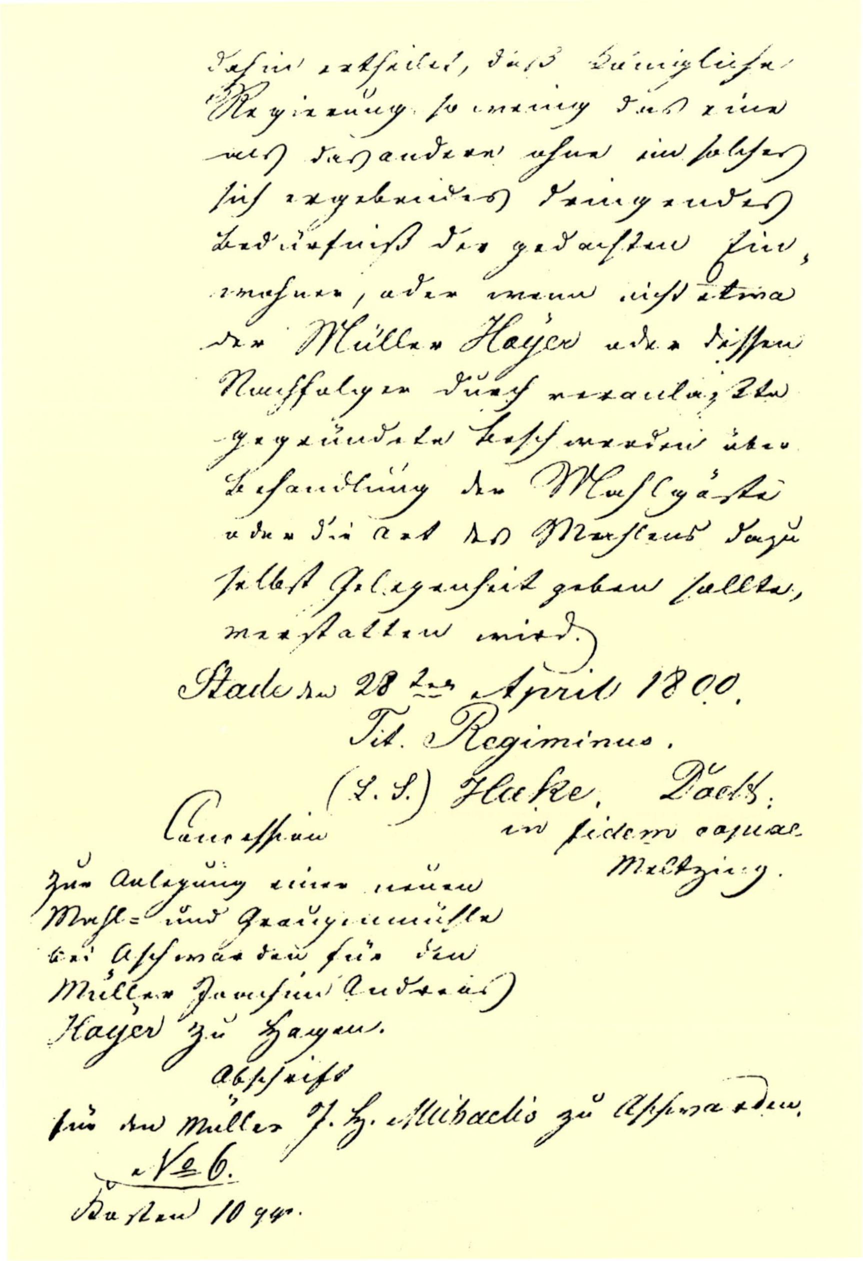
dahin entschieden, daß Königliche Regierung so wenig das eine noch das andere ohne einen solchen sich ergebenden dringenden Bedürfniß der gedachten für nehmen, oder wenn sich etwa der Müller Haper oder dessen Nachfolger durch veranlaßte gegründete Beschwerden über Behandlung der Mahlgäste oder die Art des Mahlens dazu selbst Gelegenheit geben sollte, verstatten wird.

Stade den 28ten April 1800.
Tit. Regiminis.
(L. S.) Hake. Dachs:
in fidem copiae
Meltzing.

Concession
zur Anlegung einer neuen Mehl= und Graupenmühle zu Aschwarden für den Müller Johann Andreas Haper zu Hagen.
Abschrift
für den Müller J. H. Michaelis zu Aschwarden.
No 6.
Kosten 10 gr.

Die Erben Haper verkauften den Mahlbetrieb für 11.000 Thaler an M. Michaelis. Die Mühle war nachweislich 1840 noch in seinem Besitz, doch mußte Meister Michaelis schwer gegen seine vielfältige Konkurrenz ankämpfen. Er hatte jährlich eine Recognation[21]) von 60 Rthlr. an die Königliche „Domainen Cammer" zu zahlen. Dies fiel ihm schwer, da die umliegenden Mühlen Elsfleth und Sandstedt nach der Erbauung der Aschwardener Mühle überholt waren und damit wesentlich leistungsfähiger wurden. Zudem wurde die Wassermühle in Göspe[22]) mit einem neuen Mehl- und Graupengang versehen. Dies alles führte für die Aschwardener Mühle zu einem beträchtlichen Verlust von Mahlgästen.

Heute ist jedoch die folgende Inschrift auf einer Sandsteinplatte am Bausockel zu lesen:
"Im Jahre 1850 hat Martin Kayser und seine Ehefrau Meta diese Mühle von Grund auf neu erbauen lassen vom Mühlenbaumeister Diedr. Meyer aus Sebaldsbruche.
Psalm 121, V 23
Meine Hülfe kommt von dem Herrn, der Erde und Himmel geschaffen.
Er wird deinen Fuß nicht gleiten lassen und der dich behütet schläft nicht."

Es ist möglich, daß es sich hierbei um den ehemaligen Vollhöfner Martin Kayser aus Rade handelt, der 1840 bei der Landdrostey in Stade den Antrag[23]) auf die Konzessionierung einer Roßmühle stellte. Aus dem daraus entstehenden Konzessionsstreit könnte evtl. ein Kauf und dann anstelle der alten Bockwindmühle der Neubau einer Holländerwindmühle erfolgt sein. Nach den Berichten älterer Einwohner aus der Gemeinde Aschwarden soll Martin Kayser ein sehr wohlhabender Mann gewesen sein, dem viel Land gehörte. Dem Antragschreiben[24]) von Martin Kayser aus dem Jahre 1840 ist jedoch zu entnehmen, daß er seinen Meierhof von seinem Vater Rulf in stark verschuldetem Zustand übernommen habe und daß sich

durch ein starkes Viehsterben im Frühjahr 1839 dieser Zustand nur noch verschlimmert habe. Gerade deswegen beantrage er die Konzession zum Betreiben einer Mühle, um mehr Geld zu verdienen und seinen Hof zu sanieren. Ob er dies damit geschafft hat?
Nach Aussagen von Hinrich Köster, dem jetzigen Müller, ist die Mühle 1896 durch Blitzschlag mitsamt dem anliegenden Wohnhaus bis auf die Grundmauern niedergebrannt.
Bei dem unverzüglich durchgeführten Wiederaufbau wurde eine für die damalige Zeit neue Wellen- und Getriebeanlage in die Windmühle eingebaut. Das Holz wurde größtenteils durch Eisen abgelöst. Eisenflügel, Eisenzahnräder und Eisenwellen wurden verwandt. Die sonst so mächtige Flügelwelle, das riesige hölzerne Kammrad, die schwere Königswelle aus Eiche und vieles andere wurde viel kleiner und platzsparender - wenn auch für das Auge nicht mehr so interessant - ausgeführt.
Die äußere Verkleidung des hochaufragenden Mühlenkopfes und der Mühlenkappe bestand jetzt anstatt der alten Reitheindeckung aus einer Holzverschalung mit angenagelten grünen Blechplatten. Da der Mühlenrumpf aus roten Backsteinen errichtet ist, kam so eine interessante und freundliche Ansicht zustande, die auch heute noch sehenswert ist.
Die Mühle ist als sehr hoher doppelstöckiger Galerieholländer mit Windrose und 2 Mahlgängen errichtet worden. Sie hat ein farbenfreudiges rot/weißes Flügelwerk.
Durch ihren Standort, direkt hinter dem Winterdeich, ist sie in der flachen Marschlandschaft für die Schiffahrt an der Unterweser eine weithin sichtbare Landmarke und für Land und Leute in der Ostermarsch ein beliebtes Wahrzeichen ihrer Heimat.
Heute wird die Arschwardener Windmühle von ihrem Eigentümer, Hinrich Köster, liebevoll betreut. Rüstig wie eh und je klettert er in seiner Mühle hin und her und steigt, wenn es sein muß, auch auf den äußeren Mühlenkopf, um hier in windiger Höhe notwendige Reparaturen durchzuführen. Leider ist der Mühlenkopf trotz aller Eingriffe nicht mehr zu drehen. Der Drehkranz ist mehrfach gebrochen. Durch Stürme, die nun nicht mehr von vorn auf die Flügel trafen, sind bereits große Stücke der Flügelklappen und ein Großteil der Windrose abgebrochen und auf den Hof gestürzt. Dieses kann noch schlimmer werden. So erzählt Hinrich Köster, daß früher schon einmal ganze Flügel vom Sturm heruntergerissen wurden. Der Müller wachte in einer Sturmnacht auf und fand in seinem Haus einen der großen schweren Windflügel. Er hatte das Dach durchschlagen und stand vom Dach bis zur Erde in seiner Küche.
Sobald die Frühjahrsstürme nachgelassen haben, soll versucht werden, eine Generaluntersuchung des Mühlenkopfes vorzunehmen und, wenn möglich, ihn auch zu reparieren. Die Flügel müssen abgebaut, der Kopf abgehoben und auf die Erde gebracht werden. Technisch ist das alles möglich, aber wird sich auch das nötige Kapital dazu finden?

---

21) Recognation = Pacht/Abgabe
22) Göspe = Ortsteil von Neuenkirchen
23) Niedersächsisches Staatsarchiv Stade Rep. 80 G 161/15
24) Niedersächsisches Staatsarchiv Stade Rep. 80 G 161/15

WASSERMÜHLE MEYENBURG

Um 1313 begann in Meyenburg die Orts- und Burggründung. Bald darauf wird auch der Bau einer Wassermühle durch das Gut Meyenburg als einer der ersten Wirtschaftsbauten erfolgt sein. Der Gutsherrschaft stand das alleinige Recht zu, das Wasser zu nutzen, zu steuern und auf ihm zu fischen.
Durch das reichlich fließende Wasser in der Sprott- und Sprengbeeke, der beiden Hauptquellbäche, war es möglich, am Mühlen- und Flutgraben im Laufe der Zeit für verschiedene Zwecke mehrere Wassermühlen zu errichten und zu verpachten, wie der nachstehende Vertrag aus dem Jahre 1747 zeigt:

Pachtvertrag[25]) Schildegärsten[26]) Mühle und Walkmühle[27]), 1747

Ich Hermann Hinrich Schwecke aus Blexum im Butjadinger Lande gebürtig, bekenne hiermit, daß ich dem Herrn Oberteichgrefen von Wersebe seine Schildegärsten Mühle und Walckmühle zur Meyenburg abgeheuert habe vor die jährliche Pacht von Einhundert rthl. und 72 gt.[28]) wovon alle quartal 25 rthl. bezahlet werden, und übernehme ich den Halbscheid des verschleißens von die Reiben und Eisenzeug. Wobey verabredet, daß diese Pacht vorerst auf 2 Jahre gelten soll, und hernach ferner so lange continuiren[29]), biß ein oder anderer Theil eines Jahres losekündigung vor-

Mühlenteich Meyenburg ▷

25) Meyenburger Hausbuch und Gutsarchiv Meyenburg, 1600
26) Schildegärsten = Gerste
27) Walkmühle = Mühle zum Stampfen und Walken von gewebten Stoffen, um sie dicht und geschmeidig zu machen
28) gt. = Gute Groschen
29) continuiren = weiterbestehen

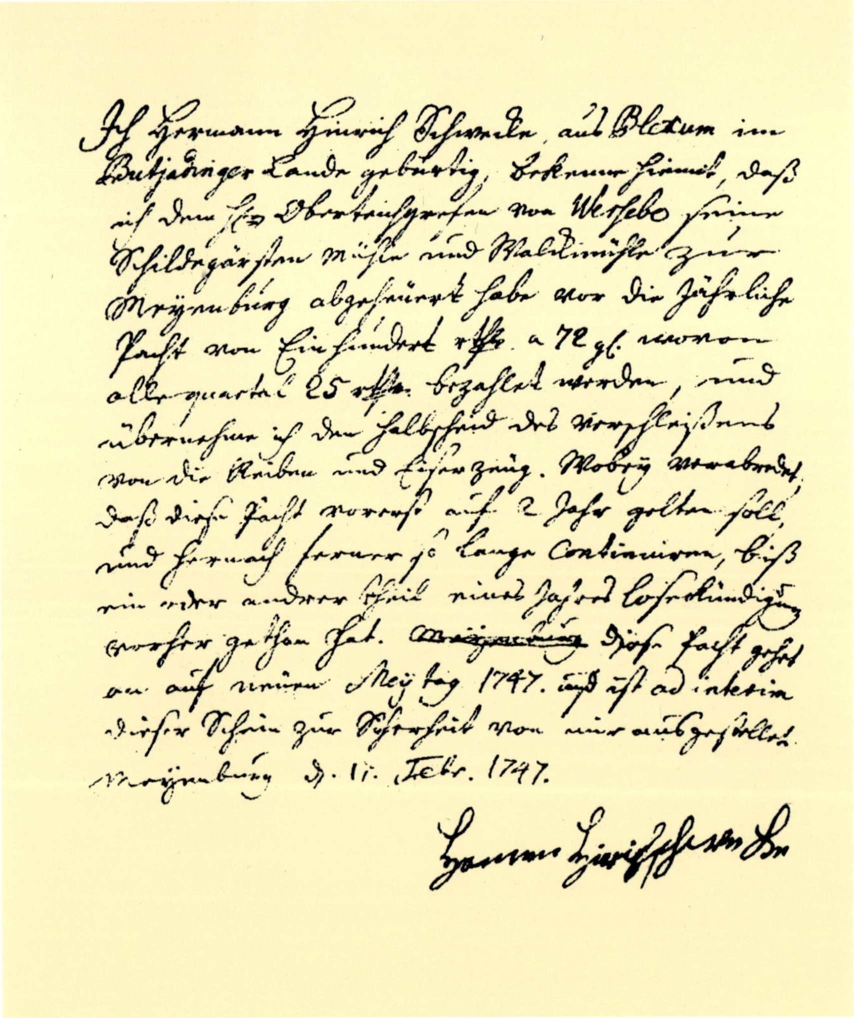

Ich Hermann Hinrich Schwecke, aus Bletum im Butjadinger Lande gebürtig, bekenne hiemit, daß ich dem Hr. Oberdeichgrafen von Werßebe seiner Schildgärsten Mühle und Walckmühle zur Meyenburg abgeheuret habe vor die jährliche Pacht von Einhundert rthl. à 72 gl. wovon alle quartal 25 rthl. bezahlet werden, und übernehme ich den halbscheid des verschleißens von die Räder und Geschirrzeug. Wobey verabredet, daß diese Pacht vorerst auf 2 Jahr gelten soll, und hernach ferner so lange continuiren, biß ein oder anderer Theil eines Jahres Loßkündigung vorher gethan hat. ~~Meyenburg~~ Diese Pacht gehet an auf neüen Meytag 1747. und ist ad interim dieser Schein zur Sicherheit von mir ausgestellet.
Meyenburg d. 17. Febr. 1747.

Hermann Hinrich Schwecke

her gethan hat. Diese Pacht gehet an auf neüen Meytag 1747 und ist ad interim[30]) dieser Schein zur Sicherheit von mir ausgestellet.

Meyenburg, d. 17. Febr. 1747

Hermann Hinrich Schwecke

Direkt am Garten des Gutes Meyenburg wurde die Ölmühle gebaut, in der Ölfrüchte gequetscht wurden. Sie überdauerte aber nicht lange. Um 1730 wurde sie bereits wieder abgerissen, so daß nur noch eine kurze Zeit ein Fußgängersteig über den Flutgraben an die Ölmühle erinnerte.
Die letzten Reste der „översten Mühle" wurden mit dem Abriß der Walkmühlenwohnung erst vor wenigen Jahren beseitigt. Sie lag in der Grave[31]) am Ende des Entenfanges[32]) und war meistens als Walkmühle an Osterholzer Tuchmacher verpachtet.
1833 wurde die Walkmüllerei unrentabel, so daß diese Mühlen zum Stillstand kamen und nur noch die Meyenburger Hauptmühle, die große Kornmühle, übrig blieb.
Diese Mühle war oftmals umgebaut, renoviert und sogar neuerbaut worden, wovon der Vertrag vom 27. August 1673[33]) noch einiges kundtut.

Ich Christoffer Schröder Bürger undt Zimmermeister des loblichen Zimmerhandtwerks zu Bremen, uhrkunde undt bekenne craft dieses, wie daß ich das grundtwerk undt große Wassermühlen zur Meyenburg, als ein Meister zu erbauwen uff undt angenommen, auch so weit gebracht, daß sie zwar zum stande, allein aber von unparteilichen Zimmermeistern noch einige Pfehler drain erkandt worden In Sonderheit einen großen Pfeler

---

30) ad interim = für die Zwischenzeit
31) Grave = heute Ortsteil von Meyenburg
32) Entenfang = ehemaliger Walkmühlenteich
33) Meyenburger Gutsarchiv

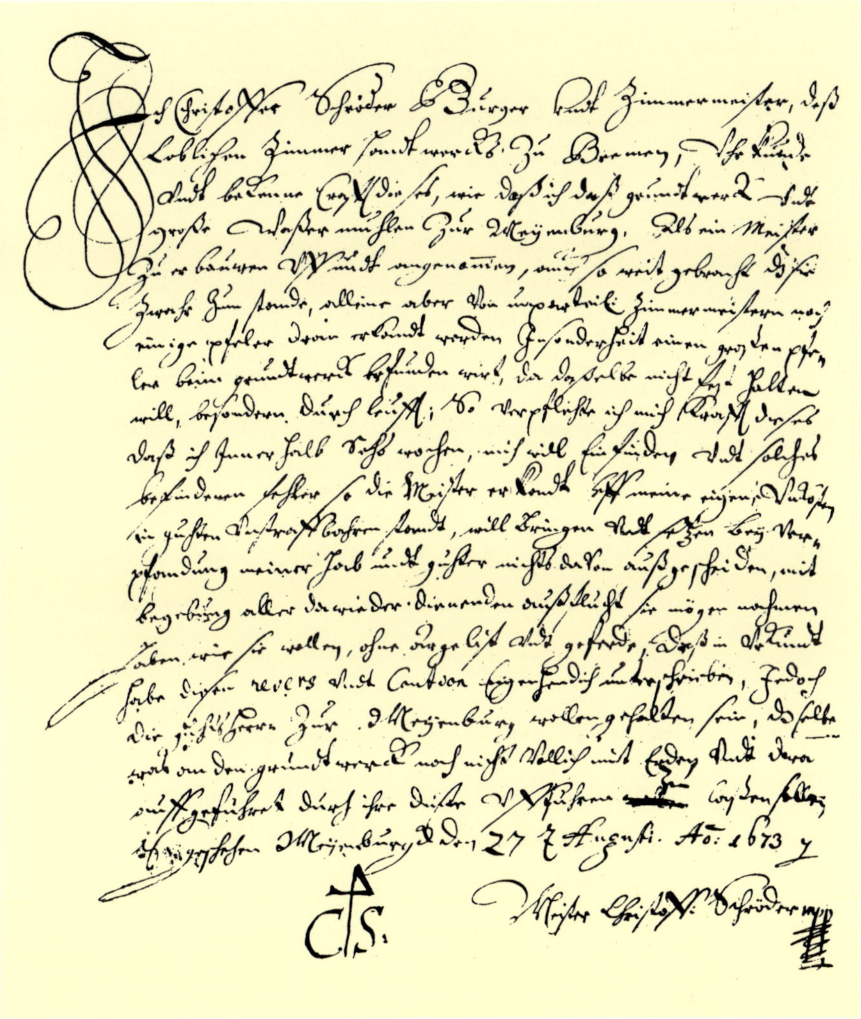

beim grundtwerk befunden wirt, da dasselbe nicht fest Halten will, besondern durch läuft; So verpflichte ich mich Kraft dieses daß ich Innerhalb Sechs wochen, mich will Einfinden, undt solches befundenen Fehler so die Meister erkandt auf meine eigene Unkosten in guhten unstraffbahren standt, will Bringen undt setzen Bey Verpfandung meiner Hab undt gühter nichts davon außgescheiden, mit begebung aller dawieder dienenden außflucht, sie mögen nahmen Haben wie sie wollen, ohne argelist undt geferde, Daß in Urkundt habe diesen revers undt Caution Eigenhändich unterschrieben, Jedoch die guhts Herrn Zur Meyenburg wollen gehalten sein, desselbe was an den grundtwerk noch nicht vollich mit Erden undt davor auffgefuhret durch ihre Dienste uff fuhren zu laßen sollen.

So geschehen Meyenburg, den 27. Augusti Anno 1673

Meister Christoffer Schröder m p p[34])

Die Meyenburger Kornmühle wurde immer größer angelegt, so daß schließlich 4 Gänge - 2 Mehl- und 2 Graupengänge - vorhanden waren. Sie wurde insbesondere in trockenen Zeiten von weit her besucht, wenn andere Mühlen im Lande wegen Wassermangel nicht mehr mahlen konnten[35]). Deswegen war sie ein begehrtes Pachtobjekt.

Pachtvertrag Kornmühle Meyenburg von 1803[36])

Nachdem der Landdrost von Wersebe mit dem bisherigen Verwalter der hiesigen Mühlen, dem Müller Christoph Brauer sich dahin vereinbaret, daß dem letzteren diese Mühlen in Pacht überlassen werden sollen, so ist deshalb nachstehender Contract beliebt und verabredet worden.

---

34) m p p = manu propria = mit eigener Hand = eigenhändig
35) Niedersächsisches Staatsarchiv Stade Landratsamt Osterholz Rep. 174 133/3/I
36) Meyenburger Gutsarchiv

Nachdem der Landdrost von Meysenbug mit dem bisherigen Verwalter der hiesigen Mühlen, dem Müller Christoph Brauer sich dahin vereinbart, daß dem letztern diese Mühlen in Pacht überlassen werden sollen, so ist deshalb nachstehender Contract beliebt und verabredet worden.

1. Der Landdrost von Meysenbug verpachtet dem Müller Christoph Brauer die drey hiesigen Mühlen, nemlich die Kornmühle von zwey Gängen, die Graupen Mühle und die Malzmühle; auf sieben nacheinander folgende Jahre, welche mit Jacobi 1803. anfangen und Jacobi 1810. sich endigen, und es werden zugleich dem Pächter während dieser Pachtzeit das Müllerhaus mit dem Pferdestalle, der kleine Garten bey diesem Hause, die Wiese das kurze Moor genannt, der Aalfang vor den Schütten, die Hude und Trift und Contributions Freyheit so wie solche von den vorigen Müllern genutzt werden können, die Befugniß den zu seiner Haushaltung benöthigten Torf in der Bergen Dallen zu stechen, und die bisher genutzten Kirchenstände mit überlassen.

2. Der Verpächter unterhält die sämmtlichen Mühlen in brauchbarem Stande und die Gebäude überhaupt in Dach und Fach, will auch die Mühlensteine und das umgehende Zeug künftig allein ohne Zuthun des Müllers unterhalten; dieser ist jedoch verbunden bey vorfallenden Reparationen nebst seinen Knechten nach Vermögen mit zu arbeiten, insbesondere auch die Arbeit bey Rüstung der Räder Kämme und Triebstöcke, (wozu indessen das Holz von dem Verpächter geliefert werden muß) allein zu beschaffen.

3. Dagegen entrichtet der Mühlenpächter Brauer jährlich statt der Pacht den jedesmaligen Werth von sechs Last Rocken und überdem Einhundert Reichsthaler nach Golde gerechnet, in Golde; und zwar in der Maaße, daß a) alle zwey Monate, mithin am 25ten September, 25ten November, 25ten Januar, 25ten März, 25ten May und 25ten Julius jeden Jahrs der Werth von einer Last Rocken, nach demjenigen Preise wozu der Rocken alsdann jedesmahl hier in der Mühle mattenfrey verkauft wird, und welchen der Müller Brauer auf seinen geleisteten Eid gewissenhaft anzugeben hat, berechnet und bezahlt; außerdem aber b) auf jeden dieser sechs Termine noch 16. rthl. 48. gr. in Golde; und zwar in Cronen Dukaten, behuf der Ablage der erwähnten 100 rthl. entrichtet werden. Von den obigen Rockengeldern werden gleichfalls auf jeden

1. Der Landdrost von Wersebe verpachtet dem Müller Christoph Brauer die drey hiesigen Mühlen, nemlich die Kornmühle von zwey Gängen, die Graupen Mühle und die Walkmühle, auf sieben nacheinander folgende Jahre, welche auf Jacobi[37]) 1803 anfangen und Jacobi 1810 sich endigen, und es wurden zugleich dem Pächter während dieser Pachtzeit das Müllerhaus mit dem Pferdestalle, der kleine Garten bey diesem Hause, die Wiese das bösen Moor[38]) genannt, der Aalfang vor den Schütten, die Huth und Trift und Contributions Freyheit so wie solche von den vorigen Müllern genutzt werden können, die Befugniß den zu seiner Haushaltung benöthigten Torf in der depen Dellen[39]) zu stechen, und die bisher genutzten Kirchenstände mit überlaßen.

2. Der Verpächter unterhält die sämmtlichen Mühlen in brauchbaren Stande und die Gebäude überhaupt in Dach und Fach, will auch die Mühlensteine und das umgehende Zeug künftig allein ohne Zuthun des Müllers unterhalten; dieser ist jedoch verbunden bey vorfallenden Reparationen nebst seinen Knechten nach Vermögen mit zu arbeiten, insbesondere auch die Arbeit bey Ausbeßerung der Keile Kämme und Treibstöcker, (wozu indessen das Holz von dem Verpächter geliefert werden muß,) allein zu beschaffen.

3. Dagegen entrichtet der Mühlenpächter Brauer jährlich statt der Pacht den jedesmahligen Wehrt von sechs Last[40]) Rocken und überdem Einhundert Reichsthaler, nach Golde gerechnet, an Gelde; und zwar in der Maaße, daß a) alle zwey Monate, mithin am 25ten September, 25ten November, 25ten Januar, 25ten März, 25ten May und 25ten Julius jeden Jahres der Wehrt von einer Last Rocken, nach demjenigen Preise wozu der Rocken alsdann jedesmahl hier in der Mühle mattenfrey[41]) verkauft wird, und welchen der Müller Brauer auf seinen geleisteten Eid gewißenhaft anzugeben hat, berechnet und bezahlt; außerdem aber b) auf jeden dieser sechs Termine noch 16 rthl. 48 gt.[42]) an Gelde, und zwar in Bremer Groten[43]), behuf des Abtrages der erwähnten 100 rthl. entrichtet werden. Von den obigen Rockengeldern werden gleichfalls auf jeden Termin 25 rthl. in Bremer Groten, und 9 rthl. 24 gt.[44]) Caßen Münze, welche für 10 Thl. in Golde gerechnet werden; das übrige aber in guten wichtigen Goldmünzen, die Pistole[45]) zu 5 Thl. und den Ducaten[46]) zu 2 Thl. 60 gt. gerechnet, bezahlt.

4. Alles Korn und Brau Malz welches der Verpächter Landdrost von Wersebe oder der etwaige Pächter deßen adelichen Wohnhofes, wie auch die Frau Generalin von Wersebe oder der etwaige Pächter des von derselben bewohnten Hofes, selbst verbrauchen, verspricht der Müller Brauer mattenfrey[47]) und so gut als anderes Korn wofür er Matten bekömmt, zu mahlen.

5. Sollte der Verpächter während der Pachtjahre den hiesigen Kornzehnten selbst ziehen, so verspricht der Müller Brauer den Verkauf des gesammten Zehntkornes nach der ihm deshalb von dem Verpächter zu ertheilenden

---

37) Jacobi = 25. Juli, Jacobstag
38) böses Moor = Ortsbezeichnung
39) depen Dellen = Ortsname
40) Last = ca. 2000 kg Roggen, Rocken = Roggen
41) mattenfrey = Mühlengebührenfrei
42) gt. = Gute Groschen
43) Bremer Groten = Bremer Münze bis Ende des 18. Jahrhunderts
44) gt. = Gute Groschen
45) Pistole = spanisch/französische Münzsorte
46) Ducaten = Hamburger Münzsorte; ursprünglich venezianische Münzsorte
47) mattenfrey = gebührenfrei

Termin 25 Thl. in Bremer Groten, und 9 Thl. 24 gl. Scheidemünze welche für 10 Thl. in Golde gerechnet werden; das übrige aber in guten richtigen Goldmünzen, die Pistole zu 5 Thl. und den Ducaten zu 2 Thl. 60 gl. gerechnet, bezahlt.

4. Alles Korn und Brau Malz welches der Verpächter Landdrost von Marschalk oder der etwanige Käufer dieser adelichen Wohnhäuser wie auch die Frau Generalin von Marschalk oder der etwanige Käufer des von derselben bewohnten Hauses, selbst verbrauchen, verspricht der Müller Brauer unentgeltlich und so gut als anderes Korn wofür er Matten bekommt, zu mahlen.

5. Sollte der Verpächter während der Pachtjahre den hiesigen Kornzehnten selbst ziehen, so verspricht der Müller Brauer den Verkauf des gesammten Zehntkorns nach der ihm deshalb von dem Verpächter zu ertheilenden Anweisung bestmöglichst zu besorgen, wofür er zwar die Matten dieses Zehntkorns zu genießen hat, außerdem aber weder einen Antheil an dem Kaufgelde noch sonst einige Vergütung erhält.

6. Die Mühlengebäude verspricht der Müller Brauer haushälterisch zu benutzen, deren nöthige Erhaltung fleißig zu befördern, auch die Mühlen mit allem Zubehör sorgfältig in Acht zu nehmen, und für allen durch sein oder der Seinigen Verschulden daran verursachten Schaden bey Verband seiner Habe und Güter einzustehen.

7. Daß der Müller Brauer alle etwanigen gewöhnlichen oder Gewerbe Steuern selbst übernehmen müsse, versteht sich von selbst

8. Sollte der Pächter Christoph Brauer mit zwey der oben bestimmten zweymonatlichen Pachttermine im Rückstande seyn, so ist dadurch der Contract in der Maße erloschen, daß dem Verpächter freysteht, die Mühlen sogleich wieder zu sich zu nehmen und anderweit darüber zu disponiren; der Pächter bleibt jedoch seiner Seits an den Contract gebunden. Eben dieses findet Statt, wenn der Pächter die Mühlen merklich herunterbringen, sein Gewerbe vernachlässigen, oder zu gerechten Beschwerden der Mühlengäste Anlaß geben, und er dessen durch eine von dem hiesigen Erbgerichte anzustellende summarische Untersuchung überführt werden sollte.

9. Zur Sicherheit alles obigen stellet der Pächter Christoph Brauer seinen Bruder den Erbenzins Müller Peter Gottlieb Brauer zu Schlangendieck zum Bürgen, welcher vermittelst seiner eigenhändigen Unterschrift sub hypotheca bonorum angelobet, für die unmangelhafte Erfüllung aller von seinem Bruder Christoph Brauer vorstehendermaßen übernommenen Pachtbedingungen solchergestalt einzustehen, daß er dieserhalb als Selbstschuldner, und mit Verzichtleistung auf die ihm bekanntgemachten beneficii excussionis sogleich in Anspruch genommen werden könne. Derselbe

Anweisung bestmöglichst zu besorgen, wofür er zwar die Matten dieses Zehntkornes zu genießen hat, außerdem aber weder einen Antheil an dem Kaufgelde noch sonst einige Vergütung erhält.

6. Die Mühlengebäude verspricht der Müller Brauer haushälterisch zu bewohnen, deren nöthige Erhaltung fleißig zu befördern, auch die Mühlen mit allem Zubehör sorgfältig in Acht zu nehmen, und für allen durch sein oder der seinigen Verschulden daran verursachten Schaden bey Verband seiner Habe und Güter einzustehen.

7. Daß der Müller Brauer alle etwaigen persönlichen oder Gewerbe Steuern selbst übernehmen müßte, versteht sich von selbst.

8. Sollte der Pächter Christoph Brauer mit zwey der oben bestimmten zweymonatlichen Pachttermine in Rückstande seyn, so ist dadurch der Contract in dem Maaße erloschen, daß dem Verpächter freystehet, die Mühlen sogleich wieder zu sich zu nehmen und anderweit darüber zu disponiren; der Pächter bleibt jedoch seiner Seits an den Contract gebunden. Eben dieses findet Statt, wenn der Pächter die Mühlen mählich herunterbringen, sein Gewerbe vernachläßigen oder zu gerechten Beschwerden der Mühlengäste Anlaß geben, und er deßen durch ein von dem hiesigen Erbgerichte anzustellende summarische Untersuchung überführt werden sollte.

9. Zur Sicherheit alles obigen stellet der Pächter Christoph Brauer seinen Bruder den Erbenzins Müller Peter Gottlieb Brauer zu Schlangendieck zum Bürgen, welcher vermittelst seiner eigenhändigen Unterschrift sub hypotheca bonorum[48]) angelobet, für die unmangelhafte Erfüllung aller von seinem Bruder Christoph Brauer vorstehendermaßen übernommenen Pachtbedingungen solchergestalt einzustehen, daß er dieserhalb als Selbstschuldner, und mit Verzichtleistung des ihm bekanntgemachten beneficii excussionis[49]) sogleich in Anspruch genommen werden könne. Derselbe verspricht auch, behuf dieser Bürgschaft sein gesammtes Vermögen bey seiner ordentlichen Obrigkeit gerichtlich zum Unterpfande zu setzen. Gegen Einlieferung des darüber aufzunehmenden Bürgschafts-Instruments will sodann der Landdrost von Wersebe dem Mühlenpächter Christoph Brauer die von diesem zur Sicherheit deponirte Verschreibung auf 900 rthl. zwar zu freyer Disposition zurückgeben; es bleibt jedoch im übrigen diejenige gerichtliche Hypothek welche der Pächter Christoph Brauer in seinem sämmtlichen Vermögen am 24ten Juli 1802 behuf der damahls übernommenen Mühlenverwaltung bestellet hat, ohne Neuerung in völliger Kraft, um für die richtige Erfüllung dieses Pacht Contracts gleichfalls zur Sicherheit zu dienen.

10. Diejenigen Inventarienstücke, welche in dem von dem Mühlenpächter Brauer unterschriebenen Verzeichniße specificirt sind, werden demselben während der Pachzeit zum Gebrauche überlaßen; derselbe muß aber diese

---

48) sub hypotheca bonorum = unter dem Unterpfand seiner Güter (Habe)
49) beneficii excussionis = besondere Begünstigungen

verspricht auch, behuf dieser Bürgschaft sein gesammtes Vermögen bey seiner ordentlichen Obrigkeit gerichtlich zum Unterpfande zu setzen. Gegen Einlieferung des darüber aufzunehmenden Bürgschafts-Instruments will sodann der Landdrost von Wersabe dem Mühlenpächter Christoph Brauer die von diesem zur Sicherheit deponirte Verschreibung auf 900. Rthlr zwar zu fernerer Disposition zurückgeben; es bleibt jedoch im übrigen diejenige gerichtliche Hypothek welche der Pächter Christoph Brauer in seinem sämmtlichen Vermögen den 24ten Jul. 1802. behuf der damals übernommenen Mühlenverwaltung bestellet hat, ohne Änderung in völliger Kraft, um für die richtige Erfüllung dieses Pacht Contracts ebenfalls zur Sicherheit zu dienen.

10) Diejenigen Inventarienstücke, welche in dem von dem Mühlenpächter Brauer unterschriebenen Verzeichnisse specificirt sind, werden demselben während der Pachtzeit zum Gebrauche überlassen; derselbe muß aber diese Stücke bey Endigung der Pacht in gleicher Beschaffenheit wieder abliefern, mithin das Schadhafte auf seine Kosten herstellen und das abgängige ergänzen.

11. Wenn die Kornmühle wegen eines an derselben vorfallenden Baues oder sonstiger, ohne Verschulden des Mühlenpächters eintretenden Hindernisse länger als drey Tage zum Mahlen nicht gebraucht werden kann, so hat derselbe für jeden Tag, da die Mühle nach Ablauf solcher drey Tage deshalb still stehet, den Werth von drey Bremer Viertheil Rocken an dem nächsten Pacht Termine zu kürzen. Bey der Graupen- und Walkmühle fällt dieses jedoch weg.

12. Zum Weinkauf sind für diesmal, in Rücksicht der von dem Pächter bisher treulich geleisteten Verwaltung, nur vier Pistolen ausbedungen, welche bey Antritt der Pacht bezahlt werden sollen.

Schließlich entsagen sämmtliche Contrahenten allen wieder diesen Pacht Contract zu erdenkenden Ausflüchten und Einreden, und es setzt der Verpächter auch seiner Seits für dessen richtige Erfüllung sein gesammtes Vermögen zur Hypothek. Zu Urkund alles obigen ist dieser Contract sowohl von dem Pächter und Verpächter, als von des ersteren Bürgen Vater Gottlieb Bräuer eigenhändig unterschrieben, auch mit des Verpächters Siegel besiegelt. So geschehen Meinburg am 23ten Julius 1803.

v. Meysenbug

Christopher Brauer
Vater Gottlieb Brauer

Nachdem der bisherige Mühlenpächter Christoph Bräuer, da derselbe Gelegenheit gefunden, anderwärts ein eigenthümliches Wesen an sich zu bringen gewünscht hat, die Pachtung der hiesigen Mühlen schon jetzt entlassen zu werden, dieses auch demselben von dem Verpächter, Landdrosten von Meysenbug bewilligt worden und dann der Müller Johann Reinhold Lindemann sich bereit erklärt hat, die Pachtung der gedachten Mühlen auf die noch übrige Pachtzeit bis Jacobi 1810 zu übernehmen; so ist deshalb zwischen dem Landdrosten von Meysenbug als Verpächter und dem gedachten Johann Reinhold Lindemann als Pächter folgendes verabredet und bündigster maßen geschlossen worden.

1) Der Müller Johann Reinhold Lindemann tritt in alle Rechte und Verbindlichkeiten, welche sein Vorweser Christoph Bräuer vermöge des vorstehenden, demselben deutlich erklärten Contracts bisher übernommen hat, vom 25ten März 1805 an zu erfüllen, ein. 2) Da derselbe nicht beeidigt ist, so verspricht derselbe die im §3. ausbedungenen Anzeigen der Korngewinne jedesmahl gewissenhaft und so als ob er würklich beeidigt wäre, zu leisten, widrigenfalls er sich bey irgend einer dereinst befundenen Unrichtigkeit, außer der Entschädigung, einer von dem hiesigen Gerichte zu bestimmenden, verhältnißmäßigen Strafe unterwirft.

3) Der Müller Lindemann verpflichtet sich, so lange er die hiesigen Mühlen in Pacht hat, keinen Kornhandel zu treiben. 4) Derselbe verspricht, so viel es irgend ohne seinen erheblichen Schaden geschehen kann, die Stauung des Wassers so einzurichten, daß dadurch den Interessenten kein Schaden geschehe.

5) Da die von dem Müller Bräuer geleistete Caution mit der Beendigung der Pacht desselben erloschen ist, so setzt der neue Mühlenpächter Johann Reinhold Lindemann dem Landdrosten von Meysenbug, für die richtige Erfüllung des Pacht Contracts nicht allein sein gesammtes Vermögen zum ausdrücklichen Unterpfande, sondern es haben auch die Eingesessenen Martin Hinck zu Werlholz und Dieterich Witschen zu Vattenstadt die Bürgschaft, für den gedachten Müller Lindemann übernommen, als welche hiedurch bey Verpfändung alles ihrigen Vermögens, für die ohnmangelhafte Erfüllung der vorstehenden Pachtbedingungen als Selbstschuldner und mit Verzichtleistung des ihnen bekannt gemachten beneficii excussionis zu haften; auch darüber bereits einen besondern von dem Gerichte Vattenstadt gerichtlich ingrossirten Bürgschein ausgestellt und dem Verpächter eingeliefert haben. 6) Zum Weinkauf sind 6. Pistolen ausbedungen und bey der Unterschrift des Contracts bezahlt worden. 7) In so ferne der vorstehende zwischen dem Verpächter und dem Müller Bräuer am 23ten Jul. 1803. errichtete Contract durch die oben bemerkten speciellen Verabredungen nicht ausdrücklich abgeändert worden, behält es bey dem Inhalte desselben lediglich sein Bewenden.

Zu Urkund dessen ist dieser sowohl von dem Verpächter mit beygedrücktem Petschaft als von dem Pächter Johann Reinhold Lindemann wie auch dessen Bürgen Martin Hinck und Dieterich Witschen eigenhändig unterschrieben worden. So geschehen Meinburg den 16ten Februar 1805.

v. Meysenbug

Johann Reinhold Lindemann
Martien Hincke
Diederich Witschen

Stücke bey Endigung der Pacht in gleicher Beschaffenheit wieder abliefern, mithin das Schadhafte auf seine Kosten herstellen und das abgängige ergänzen.

11. Wenn die Kornmühle wegen eines an derselben vorfallenden Baues oder sonstiger, ohne Verschulden des Mühlenpächters eintretenden Hinderniße länger als drey Tage zum Mahlen nicht gebraucht werden kann, so hat derselbe für jeden Tag, da die Mühle nach Ablauf solcher drey Tage deshalb still stehet, den Wehrt von zwey Bremer Viertheil[50]) Rocken an dem nächsten Pacht Termin zu kürzen. Bey der Graupen- und Walkmühle fällt dieses jedoch weg.

12. Zum Weinkauf[51]) sind für dasmahl, in Rücksicht der von dem Pächter bisher treulich geleisteten Verwaltung, nur vier Pistolen[52]) ausbedungen, welche bey Antritt der Pacht bezahlt werden sollen.
Schließlich entsagen sämmtliche Contrahenten allen wieder Pacht Contract zu erdenkenden Ausflüchten und Einwenden, und es setzt der Verpächter auch seiner Seits für deßen richtige Erfüllung sein gesammtes Vermögen zur Hypotheck. Zu Urkund alles obigen ist dieser Contract sowohl von dem Pächter und Verpächter, als von des ersteren Bürgen Peter Gottlieb Brauer eigenhändig unterschrieben, auch mit des Verpächters Siegel besiegelt. So geschehen Meienburg am 23ten Julius 1803.

A. v. Wersebe — Christoffer Brauer
Peter Gottlieb Brauer

Anschlußvertrag:
Nachdem der bisherige Mühlenpächter Christoph Brauer, da derselbe Gelegenheit gefunden, anderswo ein eigenthümliches Wesen an sich zu bringen, gewünscht hat, der Pachtung der hiesigen Mühlen schon jetzt entlaßen zu werden dieses auch demselben von dem Verpächter, Landdrosten von Wersebe, bewilligt worden und dann der Müller Johann Reinhold Tiedemann sich bereit erkläret hat, die Pachtung der gedachten Mühlen auf die noch übrige Pachtzeit bis Jacobi[53]) 1810 zu übernehmen; so ist deshalb zwischen dem Landdrosten von Wersebe als Verpächter und dem gedachten Johann Reinhold Tiedemann als Pächter folgendes verabredet und bündigster maßen geschloßen worden.
1) Der Müller Johann Reinhold Tiedemann tritt in alle Rechte und Verbindlichkeiten, welche sein Vorweser Christoph Brauer Vermöge des Vorstehenden demselben deutlich erklärten Contracts bisher übernommen hat, vom 25ten März 1805 an zu rechnen, ein. 2) Da derselbe nicht beendigt ist, so verspricht derselbe, die im § 3 ausbedungene Anzeige der Kornpreise jedesmahl gewißenhaft und so als ob er würklich beeidigt wäre, zu leisten, wiedrigenfalls er sich bey irgend einer darunter befundenen Unrichtigkeit, außer der Entschädigung, einer von dem hiesigen Gerichte zu bestimmenden ernstlichen Strafe unterwirft. 3) Der Müller Tiedemann verpflichtet sich, so lange er die hiesigen Mühlen in Pacht hat, keinen Kramhandel zu treiben. 4) Derselbe verspricht, so viel es irgend ohne seinen erheblichen Schaden geschehen kann, die Stauung des Waßers so einzurichten, daß dadurch dem Entenfange kein Schaden geschehe. 5) Da die von dem Müller Brauer geleistete Caution mit der Beendigung der Pacht deßelben erloschen

50) Bremer Viertheil = Bremer Viertel (alter Himten) = 0,5 bis 0,6 hannoversche Himten (ab 1836)

51) Weinkauf = Auch Handgeld (Handlohn) genannt. Zum Abschluß und zur Bestärkung eines Vertrages wurde ursprünglich ein Wein getrunken. Späterhin umfaßte er die Ausgabe für Wein und Bier, die für die Vertragschließenden und deren Zeugen verausgabt wurden. Bei der Verleihung von Nutzungsrechten ist der sogenannte Weinkauf mit der Höhe eines Zinsgeldes (Pacht) als eine sozusagene einmalige Abschlußgebühr angesprochen.

52) Pistole = spanisch französische Münzsorte

53) Jacobi = Jacobstag, 25. Juli

ist, so setzt der neue Mühlenpächter Johann Reinhold Tiedemann dem Landdrosten von Wersebe für die richtige Erfüllung des Pacht Contracts nicht allein sein gesammtes Vermögen zum ausdrücklichen Unterpfande, sondern es haben auch die Eingeseßenen Martin Hinck zu Wachholz und Dieterich Witschen zu Beverstedt die Bürgschaft für den gedachten Müller Tiedemann übernommen, als welche hiedurch bey Verpfändung alles Ihrigen versprechen, für die ohnmangelhafte Erfüllung der vorstehenden Pachtbedingungen als Selbstschuldner und mit Verzichtleistung des ihnen bekannt gemachten beneficii excussionis[54]) zu haften; auch darüber bereits einen besonderen von dem Gerichte Beverstedt gerichtlich ingroßirten[55]) Bürgschein ausgestellt und dem Verpächter eingeliefert haben. 6) Zum Weinkauf[56]) sind 6. Pistolen[57]) ausbedungen und bey der Unterschrift des Contracts bezahlt worden. 7) In so fern der vorstehende zwischen dem Verpächter und dem Müller Brauer am 23ten Jul. 1803. errichtete Contract durch die eben bemerkten speciellen Verabredungen nicht ausdrücklich abgeändert worden, behält es bey dem Inhalte daßselben lediglich sein Bewenden.

Zu Urkund deßen ist dieses sowohl von dem Verpächter mit beygedrucktem Petschaft als von dem Pächter Johann Reinhold Tiedemann wie auch deßen Bürgen Martin Hinck und Dieterich Witschen eigenhändig unterschrieben worden. So geschehen Meienburg am 16ten Februar 1805.

A. v. Wersebe

Johan Reinhold Tiedemann
Martin Hincke
Diederich Witschen

Die Leistung der Meyenburger Hauptmühle wurde ständig erhöht[58]), so wurde 1840/41 für 59 Rthlr. das eingebaute hölzerne Wasserrad gegen eine Turbine ausgewechselt, um 1910 nochmals gegen eine modernere horizontal liegende Turbinenanlage ausgetauscht zu werden.

Diese Anlage lief bis 1970, als nach einem Bruch der Hauptturbinenwelle der letzte Wassermüller, Johann Iggena, im hohen Alter die Mühle stillstehen ließ.

Jetzt hat der Landkreis die Turbine mit dem Turbinenhaus abgerissen und bemüht sich, wieder ein hölzernes Wasserrad einzubauen. Beim Abriß des Turbinenhauses kamen die älteren, mit schönen Rundbögen abgeschlossenen Mauerdurchbrüche für die verschiedenen Wasserräder zu Tage. Auch wurden bei den Sicherungsarbeiten der Fundamente für kurze Zeit die alten Rammpfähle mit Steinauflagen aus den umliegenden Hünengräbern wieder sichtbar.

Die Meyenburger Mühle liegt an einem etwa 2 ha großen Mühlenteich, der mit seiner beginnenden Verlandung nicht nur einen herrlichen Anblick bietet, sondern auch für die verschiedensten Wild- und Pflanzenarten eine erhaltenswerte Heimat geworden ist.

Zum Rittergut Meyenburg gehörte außerhalb des Ortes noch eine weitere Wassermühle[59]) Das Schatzregister von 1534 weist sie erstmals auf. Sie stand an der alten Heer- und Handelsstraße von Bremen nach Bremerhaven. Hier an der Auefurt wurde sie mit einem Meyerhof – heute Brockmannsmühlen – errichtet. Der Müller hatte neben der Müllerei die Pflicht, Vorspann für Postkutschen und Handelswagen zu leisten, um die Wagen durch die Auefurt zu ziehen.

54) beneficii excussionis = besondere Begünstigungen
55) ingroßirten = eingegangenen, eingetragenen
56) Weinkauf = Auch Handgeld (Handlohn) genannt. Zum Abschluß und zur Bestärkung eines Vertrages wurde ursprünglich ein Wein getrunken. Späterhin umfaßte er die Ausgabe für Wein und Bier, die für die Vertragsschließenden und deren Zeugen verausgabt wurden. Bei der Verleihung von Nutzungsrechten ist der sogenannte Weinkauf mit der Höhe eines Zinsgeldes (Pacht) als eine sozusagene einmalige Abschlußgebühr angesprochen.
57) Pistole = spanisch/französische Münzsorte
58) Gutsarchiv Meyenburg, Hausarchiv
59) W. Kleeberg, Niedersächsische Mühlengeschichte, 1964

WINDMÜHLE OSTERHOLZ AM HAFEN

Das hätte sich diese Mühle auch wohl nicht träumen lassen, daß sie nach jahrzehntelanger Arbeit einmal ein Treffpunkt für Jugend und heißer Musik werden sollte.
Lüer Steffens erbaute sie 1769[60]) für die Einwohner der neuen Ansiedlung am Heidkamp in Osterholz. Sie wurde als Erbenzinsmühle von der Königlichen Kammer zu Hannover konzessioniert und als mächtiger Galerieholländer mit Steert und 2 Mehl- und Schrotgängen eingerichtet.

Der Müller Joh. Philipp Baar von Flethe[61]) schrieb hierzu 1806 folgendes Gutachten:

Actum Blumenthal den 17ten May 1806
Der hiesige Wind-Müller Joh: Philipp Baar von Flethe erschien Dato, producirte die von dem Herrn Ober-Appelations-Rath von Zesterfleth erhaltene schriftliche Instruction, und gab dem am 13ten dieses vor der Commission zu Osterholtz als Taxator abgeleisteten Eide gemäß folgendes Gutachten zu Protocoll.
Er habe beide Mühlen genau untersucht und besehen, und nach seinem Gutachten befunden:

1.) Daß die Steffensche Mühle im Durchschnitt, wenn er 1/4 Jahr auf Windstille und sonstige Hinderniße rückschlage auf 3/4 Jahr täglich 2 1/2 Last[62]) durchmahlen könne.

2.) Die Worpsweder aber . . . .

Comparente[63]) genehmigte nach geschehener deutlichen Vorlesung dieses Protocoll, und wurde mit der Resolution entlaßen, daß diese Außage der Hohen Commission eingesandt werden sollte.

Actum ut supra[64])

in fidem[65])
Meyer

Der sachverständige Müller Witte[66]) aus Bremervörde beschrieb die Mühle am Heidkamp 1849 genauer und hielt in seinem Gutachten fest, daß die Kornwindmühle einen Roggengang, einen Weizengang und zwei Graupengänge besäße. Das Windrad wurde mit 74 Fuß[67]) Durchmesser, die Mahlsteine mit 6 Fuß 7 Zoll Durchmesser und das Zwickgestell mit einer Höhe von 15 Fuß vermessen. Insgesamt sei die Mühle solide gebaut, habe einen leichten Gang und nur im Norden durch das „Holz" - heute sicher das Klosterholz - im Wind eingeschränkt.
Die Mahlleistung wurde mit 284 Last[68]) angegeben, wobei je Himten[69]) ein Mahlgeld von 10 Pfg. angegeben wird.
Als Mahlgäste werden für diese Zeit die Heidkamper, die Osterholzer, die Scharmbecker und nur unregelmäßig die St. Jürgener und Waakhausener genannt.
War die Mühle auch noch so prächtig und wirtschaftlich gebaut, so hatten die Müller jedoch bald ihre Sorgen, wie es aus dem Gesuch von Claus Steffens hervorgeht.

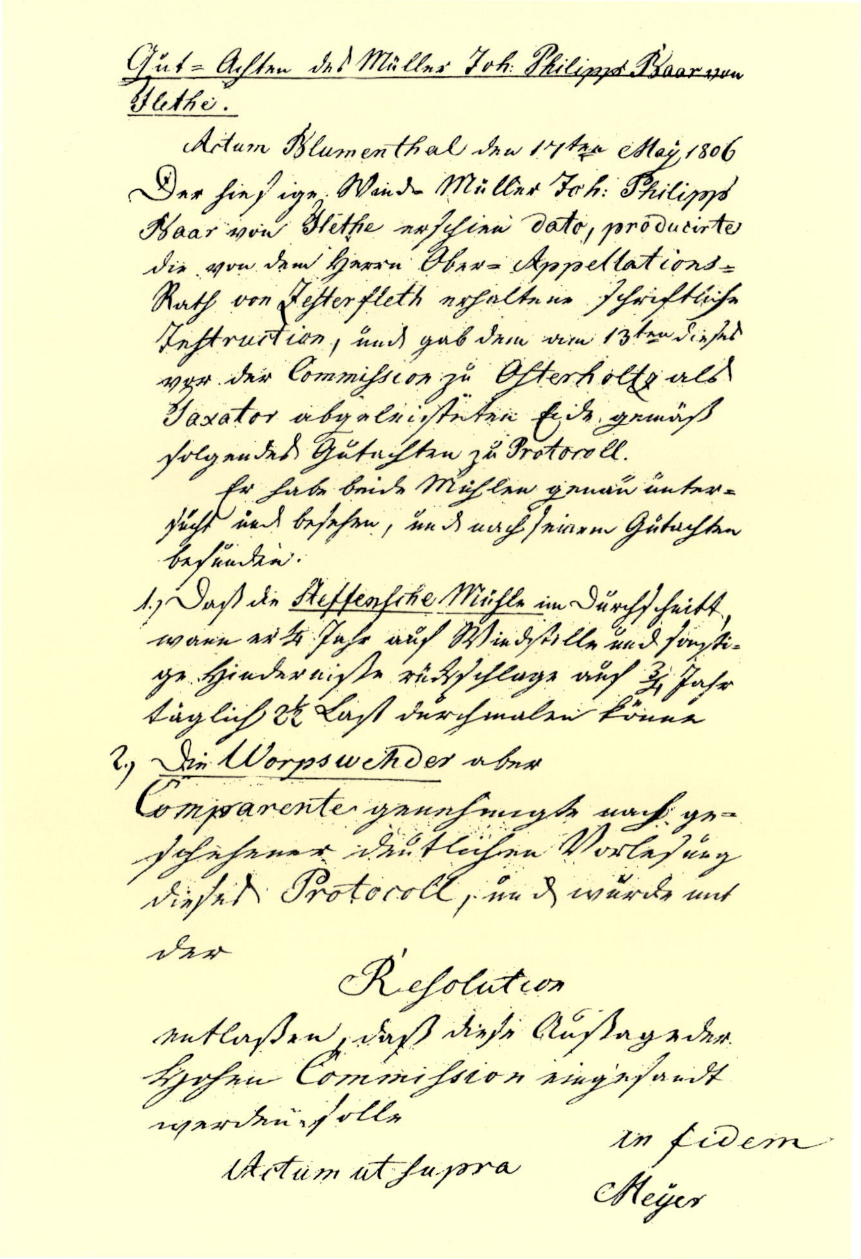
Gut-Achten des Müller Joh. Philipp Baar von Slethe.

Actum Blumenthal den 17ten May 1806

Der hiesige Wind-Müller Joh: Philipp Baar von Slethe erschien dato, producirte die von dem Herrn Ober-Appellations-Rath von Zesterfleth erhaltene schriftliche Instruction, und gab den vom 13ten dieses wegen der Commission zu Osterholz als Taxator abgeleisteten Eide gemäß folgendes Gutachten zu Protocoll.

Er habe beide Mühlen genau untersucht und besehen, und müsse seinem Gutachten bekunden:

1.) Daß die Steffensche Mühle im Durchschnitt wenn ¼ Jahr auf Windstille und sonstige Hindernisse abgeschlagen, auf ¾ Jahr täglich 2½ Last durchmahlen könne

2.) Die Worpsweder aber

Comparente genehmigte nach geschehener deutlicher Vorlesung dieses Protocoll, und würde mit der

Resolution

entlassen, daß diese Aussage der hohen Commission eingesandt werden solle

Actum ut supra

in fidem
Meyer

---

60) Niedersächsisches Staatsarchiv Stade Rep. 80 G 273/1
61) Niedersächsisches Staatsarchiv Stade Rep. 174 Osterholz 133/3/II
62) 1 Last = 2000 kg
63) Comparente = der Erschienene
64) actum ut supra = verhandelt wie oben
65) zur Beglaubigung
66) Niedersächsisches Staatsarchiv Stade Rep. 174 Osterholz 133/4
67) Fuß = 12 Zoll / 1 Zoll (inch) = 2,539 cm
68) Last = 2000 kg
69) Himten = 20 kg Roggen

pr. 18 Apr. 96.
Wehnersen

Tit. Ministerio
Hochgeborne pp

Im Jahr 1769. hat mein seel. Vater mit schweren Kosten eine große holländische Windmühle am Hafen im Osterholtz unter Bewilligung Königl. Cammer wie der in der Anla-
p.2 ge A. befindliche Erbenzins Brief bezeuget, erbauet.

Nach diesem Erbenzins Briefe ist meinem seel. Vater die Versicherung ertheilet, daß die Lohgerber Mühle niemals wieder zu einer Korn-Mühle soll umgerichtet, noch eine andere Mühle in der Nähe angelegt werden.

Dieser hohen Versicherung zufolge habe ich

mit meinem seel. Vater dies jus quaesitum seit 1769. ruhig besessen.

Allein im vorigen Jahre erhielte, ehe daß ich weiter das geringste davon erfuhr, Königl. Regierung zu Stade dem Mühlenvogt Kohlmann zu Altenbruch und dem Einwohner Carl Friedrich Bötjer in Osterholz die Con-
p.3 cession: am Mühlen Diekstrich nahe bey Penningbüttel eine neue Windmühle anzulegen.

Sobald ich hievon Nachricht erhielt, wandte ich mich sogleich an Königl. Regierung und an Königl. Cammer mit unterthänigsten Vorstellungen gegen diese neue Mühlen Anlage, weil dieselbe nur höchstens eine Viertel Stunde von meiner Mühle entfernt, und deren Versicherungen Königl. Cammer in dem gedachten Erben-Zins-Brief offenbar zuwider ist. Nach diesem soll die Lohgerber Mühle niemals wieder zu einer Korn-Mühle vorgerichtet, noch eine andere Mühle in der Nähe an-
p.4 gelegt werden, welches doch offenbar geschehen würde

de, wenn die neue Mühlen-Anlage zu Stande
kommt. Meine Vorstellungen dagegen, so ge-
gründet sie auch waren, fanden aber so wenig bey
Königl. Regierung, als Königl. Cammer Gehör.

Ich wagte es zum zweitenmale in Unterthänig-
keit dagegen Vorstellungen zu machen, und bat:
daß die Sache coram Commissione untersuchen zu
lassen, weil das Unrecht, das durch diesen neuen
Mühlen Bau mir zugefügt werde, gar leicht in die
Augen falle, und ich dasselbe gründlich erweisen wollte.

Auch mit diesem Gesuche wurde ich abgewiesen,
und der angebotene Beweis nicht angenommen.

p.5. Es blieb mir nun weiter nichts übrig, als die Sache
im Wege Rechtens auszumachen.

Ich bat daher bey Königl. Justitz-Canzley gegen
Königl. Cammer um ein Mandatum de non turbando.

Ich erhielt zum Bescheid: daß mein Gesuch keine Statt
habe, weil Königl. Regierung mich nicht ad forum
iustitiae verwiesen hätte. Von diesem decreto
wandte ich mich an Königl. Ober-Appellations-
Gericht,

und erhielt zum Bescheide: daß der Grund
im decreto a quo, daß ich von Königl. Regierung
nicht ad forum iustitiae verwiesen worden,
p.6. ganz unzutreffend sey, und daher die Annahme
und Entscheidung meiner ad forum iustitiae gehö-
rigen Sache nicht abhängig gemacht werden könnte,
daß aber Königl. Regierung zu Stade mein rech-
ter Gegner sey, und ich gegen dieselbe meine
Klage in possessorio nicht begründet, und daher
mein Suchen keine Statt hätte.

Ehe ich aber in petitorio gegen Königl. Regie-
rung zu Stade klage, und Königl. Cammer denn,
den litem denuncire, wende ich mich an [illegible]
unterthänigst, demüthigst hoffend, daß meine
Vorstellung ein gnädiges Gehör finden werde.

p.7. Nach dem Regulativ des Herrn pp. unterm 17ten
May 1793 pro principiis bey Mühlen-Concessionen
festgesetzet haben, und der Königl. Regierung zu
Stade zur Norm dienen soll heißt es in der Anlage
1/B. im § 7.

„die

Tit. Ministerii[70]) 18. Apr. 96
Hochgeborene H. H.[71]) Wehnerfen

Im Jahre 1769 hat mein l[72]) weyland[73]) Vater mit schweren Kosten eine große holländische Windmühle am Hafen in Osterholtz unter Vergünstigung Königl. Cammer wie der in der Anlage A. befindliche Erbenzins. Brief bezeuget, erbauet.

Nach diesem Erbenzins Briefe ist meinem verewigtlichten Vater die Versicherung ertheilet, daß die Lohger Mühle niemals wieder zu einer Korn-Mühle soll vorgerichtet, noch eine andere Mühle in der Nähe angelegt werden.

Dieser hohen Versicherung Zufolge habe ich mit meinem verewigtlichten Vater dies ius quaesitum[74]) seit 1769 ruhig besessen.

Allein im vorigen Jahr ertheilte, ohne daß ich vorher das geringste davon erfuhr, Königliche Regierung zu Stade dem Mohrvoigt Kohlmann zu Altenbruck und dem Einwohner Carl Friedrich Bötjer in Osterholz die Concession: am Miehler Fischteiche nahe bey Penningbüttel eine neue Windmühle anzulegen. Sobald ich hievon Nachricht erhielt, wandte ich mich so gleich an Königliche Regierung und an Königliche Cammer mit unterthänigsten Vorstellungen gegen diese neue Mühlen Anlage; weil dieselbe nur höchstens eine Viertel Stunde von meiner Mühle entfernt, und denen Versicherungen Königlicher Cammer in dem gedachten Erben-Zins-Brief offenbar zuwider ist. Nach diesem soll die Lohger Mühle niemals wieder zu einer Korn-Mühle vorgerichtet, noch eine andere Mühle in der Nähe angelegt werden, welches doch offenbar geschehen würde, wenn die neue Mühlen Anlage zu Stande kömmt. Meine Vorstellungen dagegen, so gegründet sie auch waren fanden aber so wenig bey Königlicher Regierung, als Königlicher Cammer Gehör. Ich wagte es zum zweiten male in Unterthänigkeit dagegen Vorstellungen zu machen, und bat doch die Sache coram Commissione[75]) untersuchen zu lassen; weil das Unrecht, das durch diesen neuen Mühlen Bau mir zugefügt werde, gar leicht in die Augen falle, und ich dasselbe stündlich erweisen wollte.

Auch mit diesem Gesuche wurde ich abgewiesen, und der angebotene Beweis nicht angenommen.

Es blieb mir nun weiter nichts übrig, als die Sache im Wege Rechtens aus zumachen.

Ich bat daher bey Königlicher Justitz Canzley gegen Königliche Cammer um ein Mandatum de non turbando[76]).

Ich erhielt zum Bescheid: daß mein Gesuch keine Statt habe, weil Königliche Regierung mich nicht ad forum iustitiae[77]) verwiesen hätte. Von diesem decreto[78]) wandte ich mich an Königliches Ober-Appellations-Gericht, und erhielt zum Bescheide, daß der Grund im decreto a quo[79]), daß ich von Königlicher Regierung nicht ad forum iustitiae[80]) verwiesen worden, ganz unzutreffend sey, und davon die Annahme und Entscheidung einer ad forum iustitiae gehörigen Sache nicht abhängig gemacht werden könnte, daß aber Königliche Regierung zu Stade mein wahrer Gegner sey, und ich gegen dieselbe meine Klage in possessorio[81]) nicht begründet, und daher mein Suchen keine Statt hätte.

---

70) Titel/Anschrift der Ministeriums
71) H. H. = Herren
72) l = lieber
73) weyland = weiland = inzwischen verstorbener
74) ius quaesitum = besondere oder auch ausgesuchte Recht
75) coram Commissione = in Anwesenheit einer Kommission
76) Mandatum de non turbando = eine klärende Entscheidung
77) ad forum iustitiae = vor die Schranken des Gerichts
78) decreto = Bescheid
79) decreto a quo = diesem Bescheid
80) ad forum iustitiae = vor die Schranken des Gerichts
81) in possessorio = im Inhalt

" die vor Existenz dieses Regulativs bereits
" angelegten Mühlen, sollen bey ihren einmal
" erworbenen Rechten, ohne Rücksicht darauf zu
" nehmen, von welchem Collegio die Concessionen
" ihnen ertheilt sind, gelassen und geschützet
" werden.
Dieses principium hat aber Königl. Regierung bey der
Concession der qu: Mühle am Mister Deichteiche nahe
p.8. bey Penningbüttel gar nicht beobachtet, und dadurch mein
wohl erworbenes Recht, das ich nach der Versicherung
Königl. Cammer in dem gedachten Erben Zinsbrief
habe, offenbar gekränkt: denn
1./ Ist der Platz, wo die neue Mühle stehen soll, kaum
eine Viertel Stunde von meiner Mühle entfernt,
und zwar
2./ die Versicherung Königl. Cammer, daß nemlich
die Lohger Mühle nicht wieder zu einer Korn-Mühle
eingerichtet, noch eine andere Mühle in der Nähe ange-
legt werden soll, dem §. 7. des gedachten Regulativs
p.9 Ist nun gerade zu wider, durch die qu: Mühlen-Anlage
mir

mir genommen.
Ich kann hiermit auf das heiligste versichern daß mein
seel. Vater so wenig, als ich, den Mühlen-Bau am
Hafen zu Osterholz mit so schweren Kosten würden an-
gefangen haben, wenn nur die entfernteste Ver-
muthung da gewesen wäre, daß in Zukunft die Ver-
sicherung Königl. Cammer auf irgend eine Weise un-
kräftig gemacht werden könnte, wie es in substra
to so offenbar der Fall ist: denn durch diese neue
Mühle wird der Werth meiner Mühle zuverläßig
p.10 auf die Hälfte herabgesetzt; und ich würde wenn
der neue Mühlenbau seinen Fortgang hat, statt,
daß ich itzt mein Auskommen habe, nach Verlauf
einiger Jahre höchst wahrscheinlich mit den meinigen nur ganz
nothdürftig von meiner Mühle leben, und weit besser ge-
than haben, wenn ich das viele Geld, so ich bey der Anlage
verwendet habe, auf eine andere Weise angelegt hätte.
So sehr es mich traurig, und niedergeschlagen macht, daß
Königl. Regierung zu Stade mich nicht mit meinen gegründe-
ten Vorstellungen hören will: so sehr richtet mich die Hoffnung
wieder

Ehe ich aber in petitorio [82]) gegen Königliche Regierung zu Stade Klage, und Königliche Cammer daneben titem denuncirre [83]), wende ich mich an Eure pp [84]) unterthänigst, demüthigst hoffend, daß meine Vorstellung ein gnädiges Gehör finden werde.

Nach dem Regulativ [85]) das Eure pp unterm 17ten May 1793 pro principiis [86]) bey Mühlen-Concessionen festgesetzet haben, und der Königliche Regierung zu Stade zur Norm dienen soll heißt es in der Anlage: „Die vor Existens dieses Regulativs [87]) bereits angelegten Mühlen, sollen bey ihren einmal erworbenen Rechten, ohne Rücksicht darauf zu nehmen, von welchem Collegio die Concessionen ihnen ertheilt sind, gelassen und geschützet werden."

Dieses principium hat aber Königliche Regierung bey der Concession der qu. [88]) Mühle am Miehler Fischteiche nahe bey Penningbüttel gar nicht beobachtet, und dadurch mein wohl erworbenes Recht, das ich nach der Versicherung Königlicher Cammer in dem gedachten Erben Zinsbrief habe, offenbar gekränkt: denn

1.) Ist der Platz, wo die neue Mühle stehen soll, kaum eine viertel Stunde von meiner Mühle entfernt, und wird

2.) die Versicherung Königlicher Cammer, daß nemlich die Lohger Mühle nicht wieder zu einer Korn-Mühle vorgerichtet, noch eine andere Mühle in der Nähe angelegt werden soll, dem § 7 des gedachten Regulativs schnur grade zu wider, durch die qu: Mühlen-Anlage mir genommen:

Ich kann hiemit auf das heiligste Versichern daß mein weiland [89]) Vater so wenig, als ich, den Mühlen-Bau am Hafen zu Osterholz mit so schweren Kosten würden angefangen haben, wenn nur die entfernteste Vermuthung da gewesen wäre, daß in Zukunft die Versicherung Königlicher Cammer auf irgend eine Weise unkräftig gemacht werden konnte, wie es in substrato [90]) so offenbar der Fall ist: denn durch diese neue Mühle wird der Werth meiner Mühle zuverläßig auf die Hälfte herabgesetzt, und ich würde wenn der neue Mühlenbau seinen Fortgang hat, statt, daß ich jetzt mein Auskommen habe, nach Verlauf einiger Jahre höchstwahrscheinlich mit den meinigen nur ganz nothdürftig von meiner Mühle leben, und weit besser gethan haben, wenn ich das viele Geld, so ich bey der Anlage verwendet habe, auf eine andere Weise angelegt hätte.

So sehr es mich traurig, und niedergeschlagen macht, daß Königliche Regierung zu Stade mich nicht mit meinen gegründeten Vorstellungen hören will: so sehr richtet mich die Hofnung wieder auf, daß Euer pp. [91]) gnädigen Landesväterlichen Fürsorge jede Art von erlaubten Verträgen und Contracten heilig ist, und Höchstdieselben nicht verstatten werden, daß durch Königliche Regierung zu Stade mir das wieder genommen wird, was Königliche Cammer mir Contractsmäßig so fest versichert, und bisher auch gehalten hat. Es würde dadurch der § 7 des mehrgedachten Regulativs [92]) offenbar eludirt [93]) werden, und keiner mehr in Zukunft mit Sicherheit Verträge und Contracte schließen können.

Daß die neue Mühlen-Anlage am Miehler Fischteiche nahe bey Penningbüttel mir den größten Schaden von der Welt thun würde, wird jeder gleich, der das Locale kennt, und nicht partheyisch darüber denkt, einsehen müssen. Es ist in grader Linie keine viertel Stunde von meiner Mühle, und grade der

---

82) in petitorio = als Kläger
83) titem denunciire = Schuld androhen
84) pp. = praemissis praemittendis = unter der Vorausschickung des gebührenden Titels
85) Regulativ = Verordnung
86) pro principiis = als Grundsätze
87) Regulativ = Verordnung
88) Quod erat demonstrandum = was zu beweisen war, hier: was beweisbar ist
89) weiland = inzwischen verstorbener
90) in substrato = im Gehalt
91) pp. = praemissis praemittendis = unter der Vorausschickung des gebührenden Titels
92) Regulativ = Anordnung, Ausführungsbestimmung
93) eludirt = hintergangen

Seite, woher ich meine meiste Nahrung habe, am nächsten. Ich kann auch den Grund von dieser neuen Mühle nicht einsehen: Denn

1.) klagt kein hiesiger Unterthan, daß er sein Korn nicht gemalen bekommen kann, und wird mit Grunde auch keine Beschwerde darüber führen können; weil

2.) 15 Mühlen in einem Bezirck von 2 Meilen, rund um Osterholz, nahe und fern, bereits vorhanden sind, die nicht einmal alle so viel zu mahlen haben, als sie mit Gemächlichkeit mahlen könnten.
Allem diesen nach ersuche Euer pp. [94]) ich unterthänigst flehentlich, doch dahin gnädige Verfügungen zu treffen: daß ich mit meinen Vorstellungen gehört und zur Untersuchung der Sache eine Commission auf meine Kosten, in casu succumbentiae [95]), niedergesetzet werde: alwo es sich dann deutlich und klar genug zeigen wird, daß die neue Mühlen-Anlage bey Penningbüttel mir den größten Schaden von der Welt thut, und es eben so nachtheilig vielleicht noch nachtheiliger seyn würde, als wenn die Lohger Mühle wieder zu einer Korn Mühle vorgerichtet würde, die doch nach der Zusicherung des Erbenzins Briefes niemals wieder zu einer Korn Mühle vorgerichtet werden soll.

Der Moorvoigt Kohlmann ist itzt im Begrif den Mühlenberg aufzufahren und sonstige Anstalten zum Bau zu machen, wes wegen Euer pp. ich unterthänigst ersuche mir die schleunigste Hülfe gnädig und hochgeneigtst angedeihen zu lassen.

Desuper humillime Supplicando [96])
prod: H. Mügge M. Holtermann

Der letzte Windmüller in der Mühle am Hafen, Albert Puff, legte seine Mühle 1934 still. Der Blitz tat dann noch das Seine, als er 1946 die Flügel zerstörte. Von dieser Zeit ab steht nur noch der reithgedeckte Mühlenrumpf, der im Innern mit viel Geschmack und Geschicklichkeit als Abendgaststätte eingerichtet wurde.
Der Osterholzer Hafen gibt für die Mühle heute einen romantischen Hintergrund. Der Kornmühle selbst hat er keinen wesentlichen Nutzen gebracht. Der Hafen mit dem Hammekanal wurde 1766 unter Leitung des Moorkommissars Jürgen Christian Findorff als Torfumschlagplatz [97]) gebaut. Heute beheimatet er eine Vielzahl von Segel- und Sportbooten.

---

94) pp. = praemissis praemittendis = unter der Vorausschickung des gebührenden Titels
95) in casu succumbentiae = im Falle des Unterliegens
96) Desuper hummillime Supplicando = unter demütigem Bitten
97) Niedersächsisches Staatsarchiv Stade Rep. 7 G Osterholz

wieder auf, daß Euer ꝛc. gnädigen Landesväterlichen Für-
p. 11. sorge jede Art von erlaubten Verträgen und Contracten heilig ist, und Höchstdieselben nicht verstatten werden, daß durch Königl: Regierung zu Stade mir das, wieder genommen wird, was Königl: Cammer mir Contractsmäßig so fest versichert, und bisher auch gehalten hat.

Es würde dadurch der §. 7. des mehrgedachten Regulativs offenbar eludirt werden, und keiner mehr in Zukunft mit Sicherheit Verträge und Contracte schließen können.

Daß die neue Mühlen-Anlage am Mühler Deichtrifte nahe bey Penningbüttel mir den größten Schaden von der Welt thun würde, wird jeder gleich, der das Locale kennt,
p. 12. und nicht partheyisch darüber denkt, einsehen müssen. Es ist in gerader Linie keine Viertel Stunde von meiner Mühle, und gerade der Seite, woher ich meine meiste Nahrung habe, am nächsten. Ich kann auch den Grund von dieser neuen Mühle nicht einsehen: Denn

1/ klagt kein hiesiger Unterthan, daß er sein Korn nicht gemahlen bekommen kann, und wird mit Grunde auch keine Beschwerde darüber führen können, weil

2/ 15 Mühlen in einem Bezirk von 2 Meilen, rund um Osterholz, nahe und fern, bereits vorhanden sind, die nicht einmal alle so viel zu mahlen haben, als sie mit Gemächlichkeit mahlen könnten.

p: 13 Allein diesem nach ersuche Euer ꝛc. ich unterthänigst flehentlich, doch dahin gnädige Verfügungen zu treffen: daß ich mit meinen Vorstellungen gehört und zur Untersuchung der Sache eine Commission auf meine Kosten, in casu succumbentiae, niedergesetzt werde: ebenso es sich dann deutlich und klar genug zeigen wird; daß die neue Mühlen-Anlage bey Penningbüttel mir den größten Schaden von der Welt thut, und es eben so nachtheilig vielleicht noch nachtheiliger seyn würde, als wenn die Lesumer Mühle wieder zu einer Korn-Mühle vorgerichtet würde, die doch nach der Zusicherung des Erbenzins Briefes niemals wieder zu
p. 14. einer Korn Mühle eingerichtet werden soll.

Der Moorvoigt Kohlmann ist itzt im Begriff den Mühlenberg aufzuführen und sonstige Anstalten zum Bau zu machen, ehe jenes vorgeht Euer ꝛc. ich unterthänigst ersuche mir die schleunigste Hülfe gnädig und höchstgeneigtest angedeihen zu lassen.

Desuper humillime Supplicando

prod. ... Mügge M. Holtermann.

Supplica perhumillima pro decernenda Commissione
von Seiten
des Müllers Claus Steffens in Osterholz, Supplicanten,
Mit Anl: A und B.

in pcto
einer neuen Mühlen Anlage
am Mühler Deichtrifte nahe bey
Penningbüttel

periculum in mora.

Mühleneingang mit Haus-Spruch:
„DO WATT DU WULLT DE LÜD SNACKT DOCH"
Schwere Eichentür von Prof. Hoetger, nachträglich eingebaut.

WASSERMÜHLE RUSCHKAMP

Die Wassermühle am Ruschkamp in Scharmbeckstotel gehört zu den am besten erhaltenen Wassermühlen unseres Kreises.
Dank des niemals versiegenden Zustroms von Quellwasser aus dem Osterholzer Geestrand war sie eine stets - auch in wasserarmer Zeit - begehrte Kornmühle. Die Mühle benötigte kaum einen Teich zur Wasserbevorratung. Der vorgelagerte Mühlenteich ist nur winzig, aber sicher eine Beruhigung für den Müller. Jetzt stellt er mit der alten Mühle eine große Bereicherung unserer Landschaft dar.
Das Baujahr der Mühle steht nicht genau fest. Sie muß jedoch vor dem Jahre 1620 errichtet sein. Dies ist aus den Konzessionsakten für die Windmühle in Marßel[98]) zu erkennen.

In den Familienakten der Familie Wehmann wurde die Mühle erstmals um 1662 mit dem Müller Peter Wehmann erwähnt. Seit Ende des 30jährigen Krieges bewirtschaftete diese Familie den Hof und die Mühle in einer ununterbrochenen Folge.

1662	Peter Wehmann
1672	Gerdt Wehmann
1704	Peter Wehmann
1715	Peter Wehmann
1757	Marten Wehmann
1793	Peter Wehmann
1828	Gerd Wehmann
1861	Peter Wehmann
1897	Peter Wehmann
1941	Hinrich Wehmann

Ursprünglich wurde die Wassermühle nur für einen Mahlgang gebaut, um dann 1848 einen weiteren Schäl- und Weizengang zu erhalten.

Der Müller Albrecht Gerbade aus Cassebruch[99]) berichtet 1806 von dem damals sehr schlechten baulichen Zustand, was sich aber bald geändert haben muß. Beim Gutachten des Wassermüllers Witte[100]), Bremervörde, aus dem Jahre 1849 wurde darüber nichts mehr gesagt.
Witte gibt mit seinem Bericht eine ausführliche Beschreibung und schildert die Kornmühle mit einem 13 1/2 Fuß (ca. 3,90 m nach heutigem Maß) großen Wasserrad, einem Roggen- und Weizengang, einem Graupengang, mit Steinen von 5 Fuß (1,45 m nach heutigem Maß) und einer Zuwässerung aus lebhaften und gleichmäßigen Quellen; eine Mühle, die ca. 109 Last (ca. 2093 dz) im Jahr vermahlen könne. Er zieht jedoch für das bei Flut in das Rad stehende Hammerwasser 11 Last Leistung ab, so daß nur noch 98 Last im Durchschnitt pro Jahr vermahlen werden könne. Die Mahlgäste werden als Scharmbecker und Lesumstoteler angegeben, die je Viertel Korn 6 Pfg. als Mahlgeld zu entrichten hätten.
Die Wassermühle lag von den nächsten Windmühlen in Osterholz oder Scharmbeck weit genug entfernt, um keine Streitigkeiten wegen der Mahlgäste aufkommen zu lassen.
Anders war dies allerdings im Verhältnis zur Windmühle in Marßel, Gericht Lesum. Diese hatte eine Konzession aus dem Jahre 1620[101]) vorzuweisen, die Um- und Erweiterungsbauten im Umkreis von einer halben Meile (4661 m) Weges verbot. Das gab dann bei Umbauten und Erweiterungen manchmal Ärger.

---

98) Niedersächsisches Staatsarchiv Stade Rep. 174 Osterholz 133/5
99) Niedersächsisches Staatsarchiv Stade Rep. 174 Osterholz 133/3/II
100) Niedersächsisches Staatsarchiv Stade Rep. 174 Osterholz 133/4
101) Niedersächsisches Staatsarchiv Stade Rep. 174 Osterholz 133/5

Copia

Wir Johann Friedrich von Gottes Gnaden Coadjutor und postulirter zu Ertz- und Bischofen der Stifter Bremen und Lübeck, Erbe zu Norwegen, Hertzog zu Schleswig, Holstein und Stormarn und der Dittmarschen Graf zu Oldenburg und Delmenhorst thun kund hiemit öffentlich, demnach der Ehrenvester und Wohlweiser Unser lieber Getreuer Dieterich Hoyer Bürgermeister in Unser Stadt Bremen Uns unterthänig zu vernehmen geben.

Was massen er zur Verbesserung seines Erbguts in Unserer Dorfschaft Mastel belegen wohl gemeinet wäre, eine Windmühle dahin zu stellen, und dadurch so wohl Ihm selbsten vor seinigen Nutzen, als Unseren armen Leuten dann Ende eine Ersprießliche beschaffen, Uns auch darum unterthänigst angelanget, Wir wolten solche nicht allein gnädigst gönnen und verstatten, sondern auch mit der Ertheilung der landesfürstlichen Obrigkeit der Erlaubniß dazu; und so bewilligt dieses Ihm und seinen Erben erlauben, die mit besten Unterhaltung sothane angestellte Windmühle Niemand verdrehen auf eine halb Meile Weges und keine dergleichen auch anstellen und haben möchte.

Als aus gnädigster Gewogenheit damit Wir Ihm wohlgemeinet sein, und seine Sachen gnädigst gewilliget, und obenvermelten gebeten Mühle zu richten, wie

auch den Windtzug Ihn und
seinen Erben in Gnaden verstattet
und verliehen haben. Verstatten
und verleihen Ihm und seinen Erben
auch solch hiemit, und in Kraft
dieses beste beständigste Form Rechtens
und maßen, befehlen und gebie-
ten darauf unseren Beamten
[illegible] und jedermänniglich
bei Vermeidung unserer Ungnade
schützen, handhaben, und keine [illegible]
[illegible], daß auch Nie-
mand das [illegible] binnen einer
einer halben Meile Weges eine
andere Windmühle Ihm zum
Schaden und Nachtheil aufrichte
und anstelle.
Urkundlich haben Wir dieses mit
Unserem Handzeichen und Cammer
Secret Insiegel bekräftigen,
welches geben auf unserem
Hause Vörde den 27. Martii anno 1620
Friedrich
daß diese Abschrift mit dem Original
dem Original gleichstimmig,
solches habe auf Begehren
bescheinigen wollen.
Bremen den 14. Jan 1787.
Bremer. —
Pro copia. copie
v. Goeben.

Diese Bremer Konzession macht aber auch deutlich, daß die Mühle Ruschkamp bereits vor 1620 bestanden haben muß, da die Auseinandersetzungen erst nach dem Bau in Marßel aufkamen.

Konzession Windmühle Marßel, 1620[102])

Wir Johann Friedrich von Gottes Gnaden Erwählter und Postulirter zu Ertz- und bischofen der Stifter Bremen und Lübeck, Erbe zu Norwegen, Herzog zu Schleswig, Holstein und Stormarn und der Dittmarschen Graf zu Oldenburg und Delmenhorst thun kund hiemit öffentlich: Demnach der Ehrenvester und Wohlweiser Unser lieber Getreuer Dieterich Hoyers Bürgermeister in Unser Stadt Bremen Uns unterthänig zu vernehmen geben.
Wasmaßen Er zur Verbeßerung seines Erbguts in Unserer Dorfschaft Marssel belegen wohl geneigt wäre, eine Windmühle dahin zu stellen, und dadurch so wohl Ihm selbsten von weniger Nutzen, als Unseren armen Leuten deren Ende eine Kornlichkeit beschaffen, Uns auch darum unterthänigst angelanget, wir wollten solche nicht allein gnädigst geruhen und verstatten, sondern auch unter Tragung der Landes fürstlichen Obrigkeit den Schein dazu, und so benebst dieses Ihm und seinen Erben erlauben, damit beßere Unterhaltung sothann angestellt Windmühle Niemand anderes auf ein halb Meile Weges rund herum dergleichen auch anstellen und haben möchte. Das aus gnädigster Gewogenheit damit Wir Ihm wohlgeneigt sein, und sein Suchen gnädigst gewilliget, und obbemeldete gebetene Mühle zu richten; wie auch den Wind dazu Ihm und seinen Erben in Gnaden verstattet und verliehen haben. Verstatten und verlehen Ihm und seinen Erben auch solche hiemit, und in Kraft dieses briefs beständiger Weise und maße befehlen und gebieten daneben unseren beamten diesen Endes und jedermänniglich bei sothaner unserer begnadigung schützen, handhaben, und keines weges beamtmächtigiren[103]), das auch Niemand des Orts herum auf eine halbe Meile Weges eine andere Windmühle Ihm zum Verfang und Nachtheil aufrichte und anstelle.
Urkundlich haben wir dieses mit Unserem Handzeichen und Insiegel befestiget, welches geben auf Unserem Haus Vöhrde den 27 Martin anno 1620 J. Friedrich.

Daß diese Abschrift einer vorgelegten Urkunde gleichstimmig ist, solches habe auf begehren bescheinigen wollen.

Bremen, den 14ten Jan. 1757

Bremer. - Pro copia copie[104])

v. Goeben.

Der im Gutachte Witte[105]) angegebene hohe Wasserstand der Hamme, der bei Flut ein kleineres Wasserrad, als es heute bei der Wassermühle im Ruschkamp vorhanden ist (1849 = 3,90 m, 1977 = 5 m), bereits zum Stillstand brachte, ist beachtlich. Es macht deutlich, wie stark damals der Einfluß von Ebbe und Flut in der ungeschützten Hammeniederung war. Aber auch 1892 machte die Hamme der Mühle noch Schwierigkeiten, wie der Amtsvorgang des Königlichen Landratsamtes Osterholz und die Berichte des Ritterhuder Fußgendarms der Gendamerie Brigade Stade zeigen.

Mühlenteich Ruschkamp ▷

102) Niedersächsisches Staatsarchiv Stade Rep. 174 Osterholz 133/5
103) beamtmächtigiren = erlauben, genehmigen
104) pro copia copie = für die Richtigkeit der Abschrift als Kopie
105) Niedersächsisches Staatsarchiv Stade Rep. 174 Osterholz 133/4

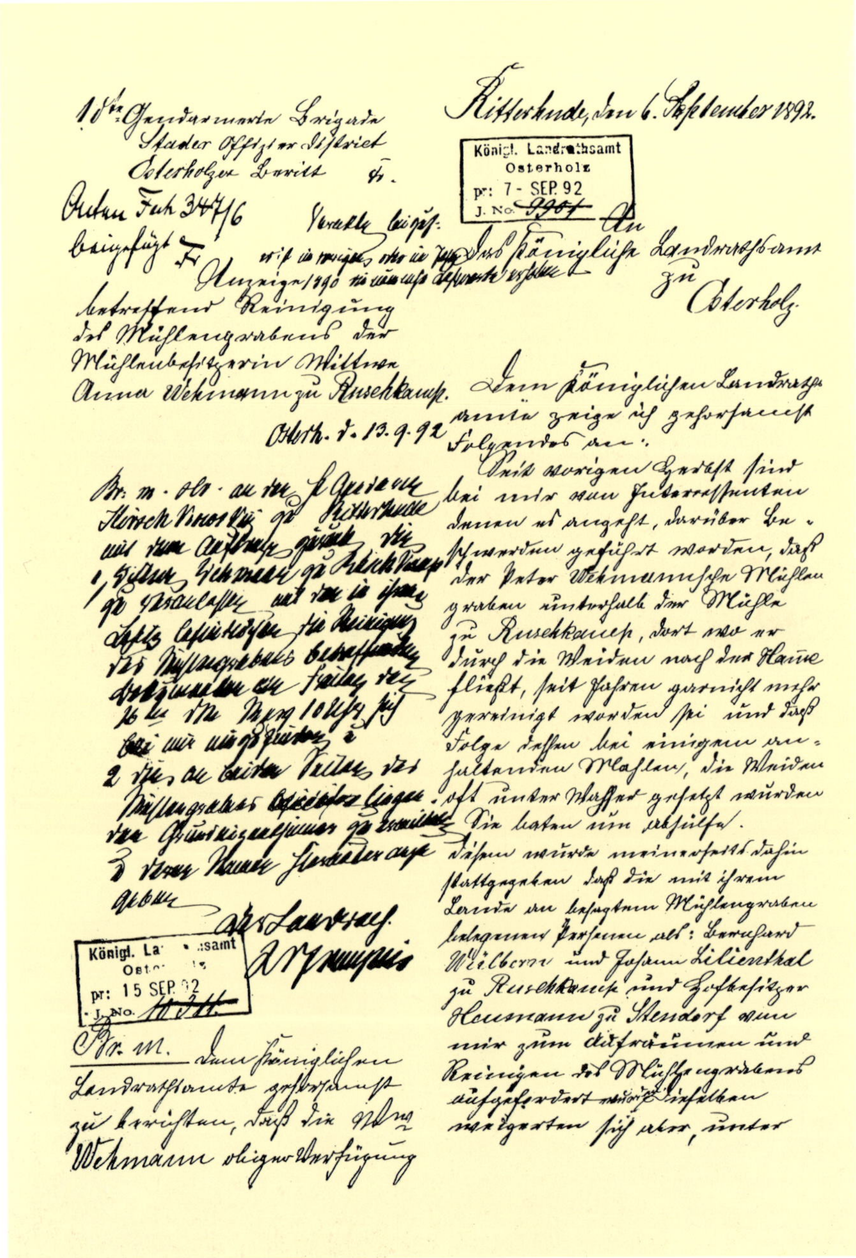

10. Gendarmerie Brigade
Stader Offizier District
Osterholzer Beritt

Anzeige betreffend Reinigung
des Mühlengrabens der
Mühlenbesitzerin Wittwe
Anna Wehmann zu Ruschkamp.

Osterh. v. 13. 9. 1892

Br. m. Hr.[106]) an den F. Gendarm
Kirschkowsky zu Ritterhude
mit dem Auftrage zurück, die
1) Wittwe Wehmann zu Ruschkamp
zu veranlassen mit den in ihrem
Besitz befindlichen die Reinigung
des Mühlengrabens betreffenden
Dokumenten am Freitag den
26ten dmo Morg[107]) 10 Uhr sich
bei mir einzufinden.
2) Die an beiden Seiten des
Mühlengrabens liegen-
den Grundeigenthümer zu ermitteln
und deren Namen hierwieder anzu-
geben.

Der Landrath
Franzius

Ritterhude, den 6. September 1892
An
Das Königliche Landrathsamt
zu Osterholz.

Dem Königlichen Landraths-
amte zeige ich gehorsamst
folgendes an:
Seit vorigen Herbst sind
bei mir von Interessenten
denen es angeht, darüber Be-
schwerden geführt worden, daß
der Peter Wehmannsche Mühlen-
graben unterhalb der Mühle
zu Ruschkamp, dort wo er
durch die Weiden nach der Hamme
fließt, seit Jahren garnicht mehr
gereinigt worden sei und daß
Folge dessen bei einigem an
haltenden Mahlen, die Weiden
oft unter Wasser gesetzt wurden.
Sie baten um abhülfe.
Diesem wurde meinerseits dahin
stattgegeben daß die mit ihrem
Lande an besagtem Mühlengraben
belegenen Personen als: Bernhard
Wülbern und Johann Lilienthal
zu Ruschkamp und Hofbesitzer
Heumann zu Stendorf von
mir zum Aufräumen und
Reinigen des Mühlengrabens

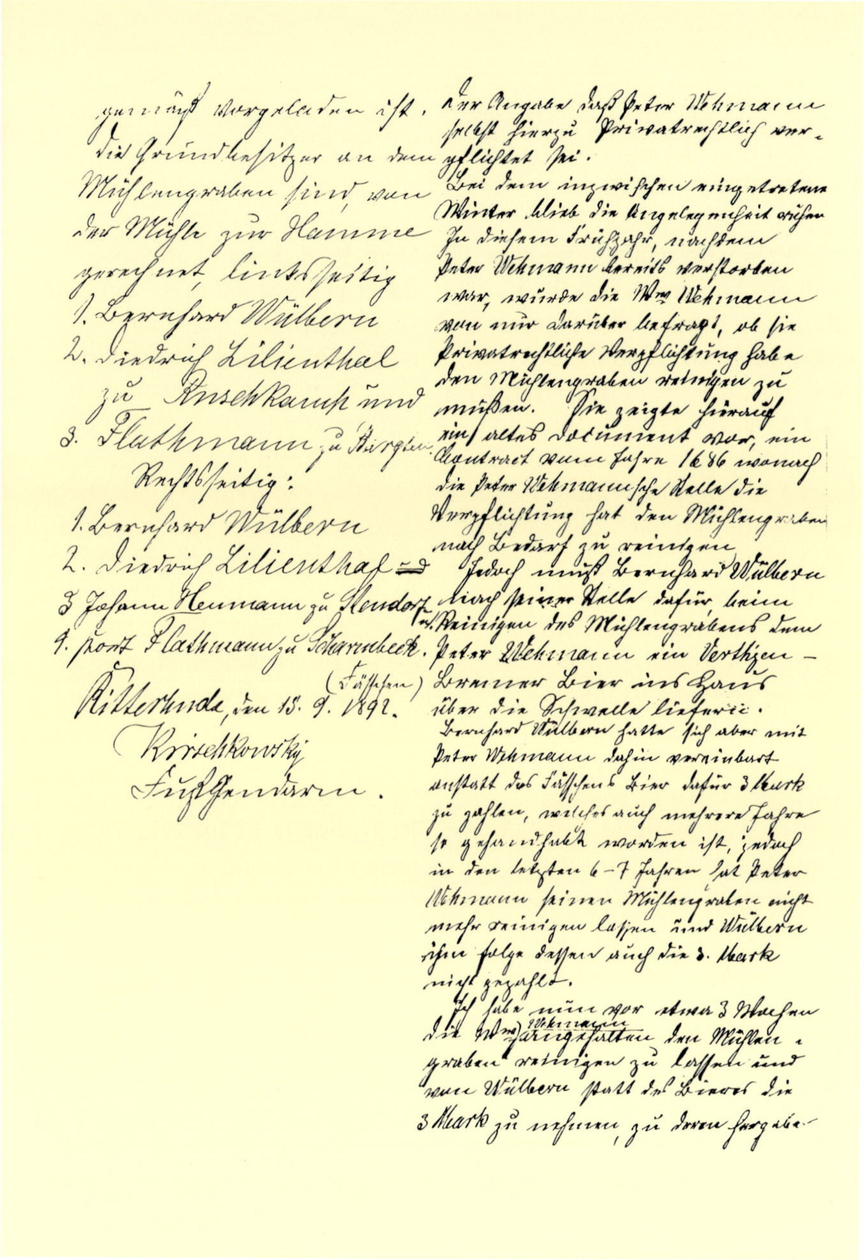

Br. m. dem Königlichen
Landrathsamte gehorsamst
zu berichten, daß die Ww.
Wehmann obiger Verfügung
gemäß vorgeladen ist.
Die Grundbesitzer an dem
Mühlengraben sind, von
der Mühle zur Hamme
gerechnet, linksseitig

1. Bernhard Wülbern
2. Diedrich Lilienthal
   zu Ruschkamp und
3. Flathmann zu Bargten

Rechtsseitig:

1. Bernhard Wülbern
2. Diedrich Lilienthal
3. Johann Heumann zu Stendorf
4. Kort Flathmann zu Scharmbeck.

Ritterhude, den 15. 9. 1892
Kirschkowsky
Fußgendarm.

aufgefordert wurden. Dieselben
weigerten sich aber, unter
der Angabe, daß Peter Wehmann
selbst hierzu privatrechtlich verpflichtet sei.
Bei dem inzwischen eingetretenen
Winter blieb die Angelegenheit ruhen.
In diesem Frühjahr, nachdem
Peter Wehmann bereits verstorben
war, wurde die Ww. Wehmann
von mir darüber befragt, ob sie
Privatrechtliche Verpflichtung habe
den Mühlengraben reinigen zu
müßen. Sie zeigte hierauf
ein altes Document vor, ein
Contract vom Jahre 1686 wonach
die Peter Wehmannsche Stelle die
Verpflichtung hat den Mühlengraben
nach Bedarf zu reinigen.
Jedoch muß Bernhard Wülbern
nach seiner Stelle dafür, beim
Reinigen des Mühlengrabens dem
Peter Wehmann ein Verthgen[108]) –
(Fässchen) Bremer Bier ins Haus
über die Schwelle liefern.
Bernhard Wülbern hatte sich aber mit

---

106) Br. m. Hr. = Brief mit Hergabe
107) dmo Morg = dieses Monats morgens
108) Verthgen = Bremer Viertel = 0,6 Himten = 12 kg Roggen

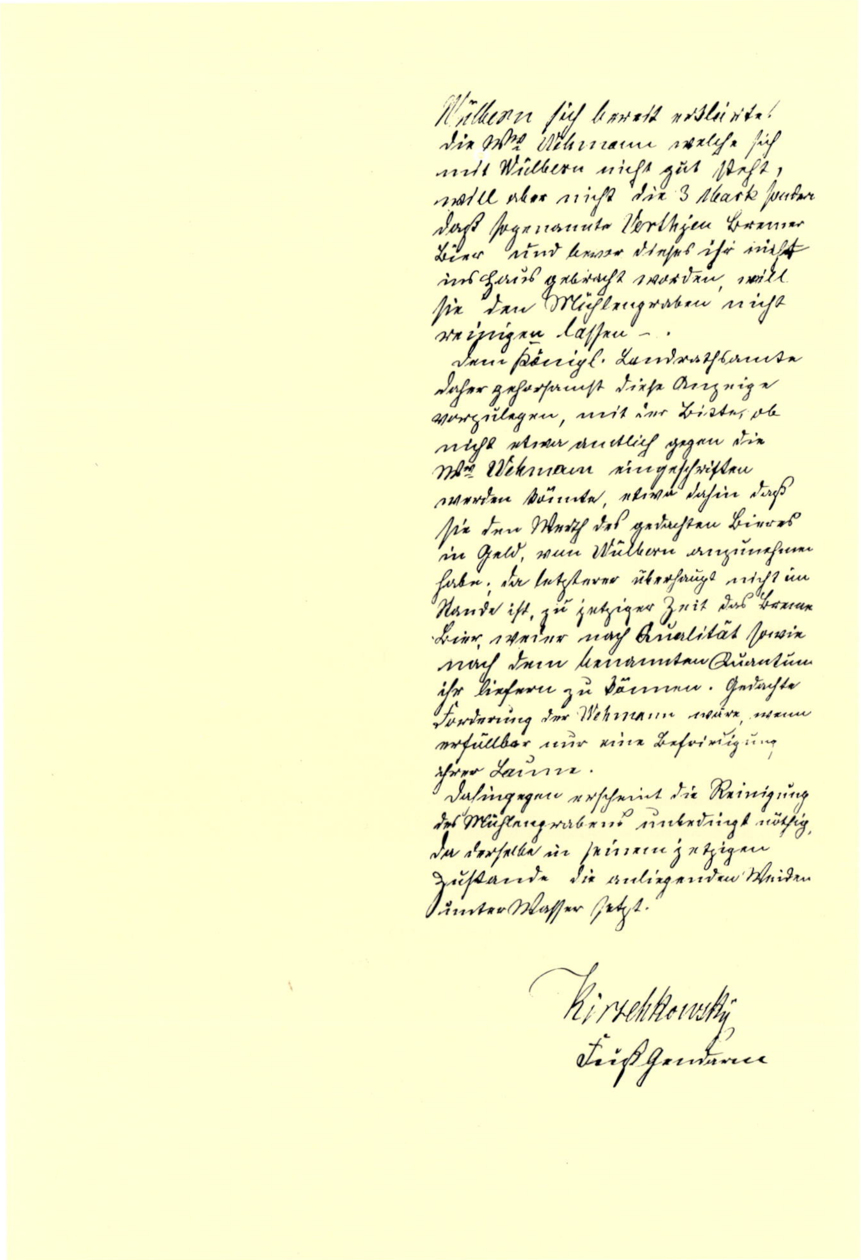

Peter Wehmann dahin vereinbart anstatt des Fässchens Bier dafür 3 Mark zu zahlen, welches auch mehrer Jahre so gehandhabt worden ist, jedoch in den letzten 6 - 7 Jahren hat Peter Wehmann seinen Mühlengraben nicht mehr reinigen lassen und Wülbern ihm folge dessen auch die 3 Mark nicht gezahlt.
Ich habe nun vor etwa 3 Wochen die Ww. Wehmann angehalten den Mühlengraben reinigen zu lassen und von Wülbern statt des Bieres die 3 Mark zu nehmen, zu deren Hergabe Wülbern sich bereit erklärte.
Die Ww. Wehmann welche sich mit Wülbern nicht gut steht, will aber nicht die 3 Mark sondern daß sogenannte Verthgen Bremer Bier und bevor dieses ihr nicht ins Haus gebracht worden, will sie den Mühlengraben nicht reinigen lassen.

Dem Königl. Landrathsamte daher gehorsamst diese Anzeige vorzulegen, mit der Bitte, ob nicht etwa amtlich gegen die Ww. Wehmann eingeschritten werden könnte, etwa dahin daß sie den Werth des gedachten Bieres in Geld, von Wülbern anzunehmen habe; da letzterer überhaupt nicht im Stande ist, zu jetziger Zeit das Bremer Bier, weder nach Qualität sowie nach dem benannten Quantum ihr liefern zu können.
Gedachte Forderung der Wehmann wäre, wenn erfüllbar nur eine Befriedigung ihrer Laune.
Dahingegen erscheint die Reinigung des Mühlengrabens unbedingt nöthig, da derselbe in seinem jetzigen Zustande die anliegenden Weiden unter Wasser setzt.

Kirschkowsky
Fußgendarm

WINDMÜHLE OSTERHOLZ, VON RÖNN

Das Wahrzeichen der Stadt Osterholz-Scharmbeck ist die jüngste Windmühle des Landkreises Osterholz. Die Mühle wurde 1882[109]) vom Müller Peters aus Hanstedt auf dem höchsten Punkt der Stadt auf ein vorhandenes Wohnhaus aufgesetzt. Die damalige Windrosette[110]) wurde ohne Galerie und Windrose gebaut.

Im Jahre 1888 kam die Windmühle in die Hand der Familie von Rönn, die sie von dem Müller Haltermann erwerben konnte. Das Flügelwerk wurde auf 4 Flügel umgebaut. 1911 erhielt die Mühle dann ein Windrose und hatte damit die heutige Form erhalten.

Bei einem schweren Sturm verlor sie im Februar 1938 ihre Flügel, die erst nach 20 Jahren, im Jahre 1958, neu eingebaut werden konnten. Der Mühlenantrieb war schon lange an Elektromotoren übergegangen, weswegen nun beim Wiederaufbau auch mehr an das äußere Bild der Mühle als an ihre Funktion gedacht wurde. Nur der sehr aufmerksame Beobachter wird feststellen, daß die Flügel ohne Segelwerk oder Jalousien im Wind stehen. Damit wurde das Flügelwerk beachtlich sturmfest.

Die grün/weiß gestrichenen Flügel stellen im Kontrast zum grauen Dach und der roten Mühlenkappe ein erfreuliches Stadtbild dar. Durch ihren Standort blickt diese Mühle weit ins Umland und zeigt dem Anreisenden den Weg in die Kreisstadt. Dies insbesondere nachts, wenn die Stadt die Mühlenbeleuchtung angestellt hat und die Mühle im vollen Licht steht.

Blick vom Mühlenkopf ▷

---

109) Johann Segelken, Osterholzer-Scharmbecker Heimatbuch, 1967

110) Windrosette = Windmühle mit 5 Flügeln.
Die Flügel waren kürzer als bei den Holländern.

STAUANLAGE FEHSENFELD

Mitten im Herzen von Osterholz-Scharmbeck lag einst die Fehsenfeldsche Wassermühle. Leider wurde sie aus heute nicht mehr verständlichen Gründen 1964 abgerissen. Dies ist umso bedauerlicher, als sie direkt am Rande des Stadtparkes lag und somit eigentlich einen Teilbereich dieses schönen Erholungsgebietes darstellte.
Die Fehsenfeldsche Mühle war die letzte von ehemals 9 Wassermühlen, die am Scharmbecker Bach gestanden haben. Das starke Gefälle der Beeke erlaubte allein schon der Tuchmacherzunft, 6 Walkmühlen[111]) hier in Betrieb zu haben. Eine der weiterhin noch vorhandenen Kornmühlen war die Scharmbecker Wassermühle. Ihr Baudatum steht nicht fest. Vorhanden war sie bestimmt 1806[112]), wie der Bericht des Müllers J. Albrecht Gerbade aus Cassebruch zeigt:

Gut-Achten des Müller Joh: Albrecht Gerbade zu Cassebruch.	Bremer[113]) Viertel
Starcke seine Mühle in Scharmbek kann mahlen an Rocken Weitzen und Buchweitzen Mehl an Maltz Branteweins und Schweine Schroot in 4 Monat bei niedrigen Waßer in trockenen Zeiten und Frost = =	45
bei mittelmäßigen Waßer in 4 Monate = =	67 1/2
bei gantz vollen Waßer wenn die Mühle Tag und Nacht fortarbeiten kann in 4 Monat	330

. . . .

Starcken Mühle bedarf Verbeßerung

. . . .

Cassebruch 27ten May 1806 — Joh: Albr: Gerbade
Müller zu Cassebruch

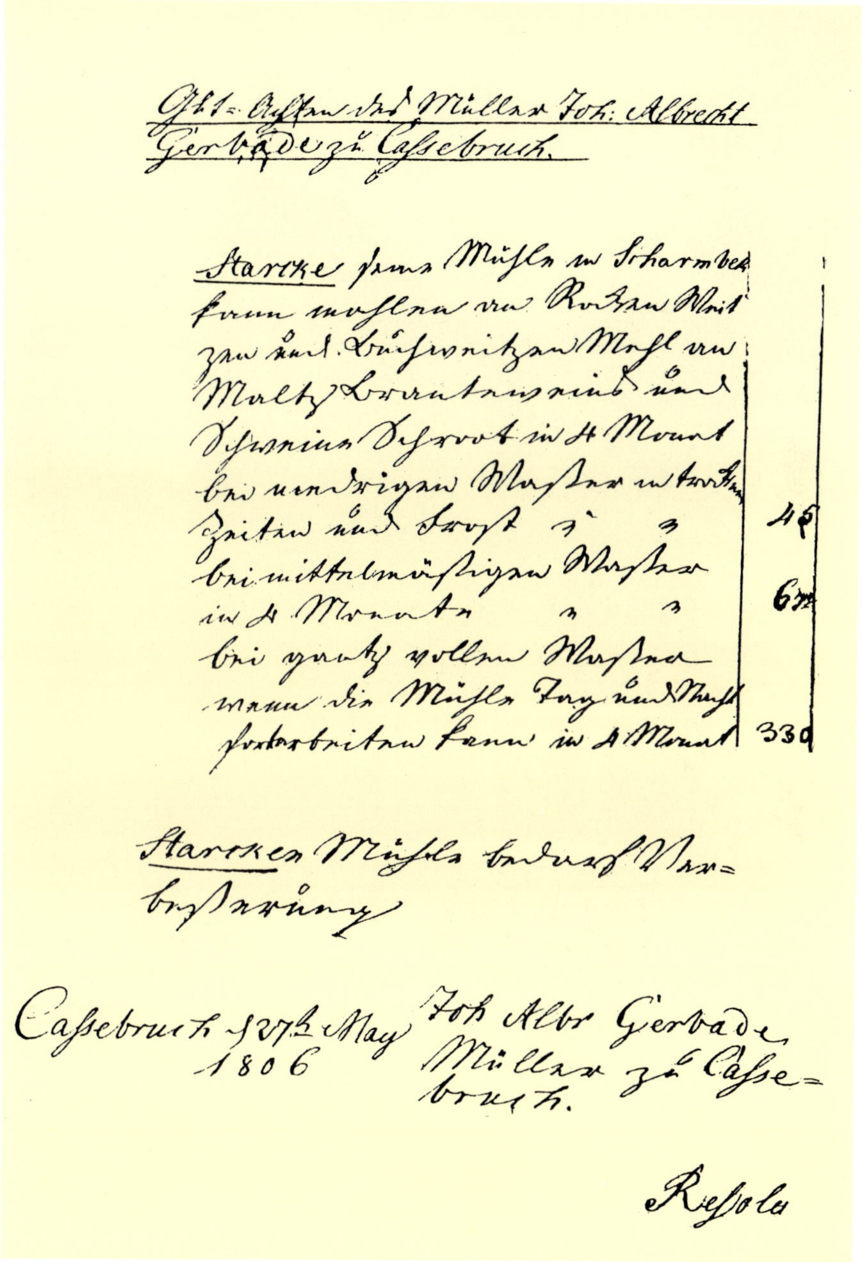

---

111) Johann Segelken, Osterholz-Scharmbecker-Heimatbuch, 1967
112) Niedersächsisches Staatsarchiv Stade Rep. 174 Osterholz 133/3/II
113) Bremer Viertel = 1 Bremer Viertel = 0,6 Himten = 12 kg Roggen

1849 wird die Wassermühle vom Müller Witte[114]), Bremervörde, als Kornmühle mit halboberschlächtigem Rad von 16 Fuß[115]) und mit einem Roggen- und einem Malzgang beschrieben. Witte betont, daß sich die Mühle in einem guten Zustand befindet, die Wasserführung jedoch unwirtschaftlich sei. Ein oberschlächtiges Rad, gegen das bestehende mittelschlächtige Rad ausgetauscht, würde die Leistung von jährlich 98 Last wesentlich erhöhen. Als Mahlgäste werden die Scharmbecker und einzelne Hülseberger und Westerbecker angegeben.
Bekannt sind die Müllerfamilien dieser Mühle ab 1800[116]), wo zunächst die Rede von der Wassermühle Starcke in Scharmbeck ist. Diese Familie wird 1842 von dem Müller Kohlmann abgelöst, der 1855 die Mühle an die Familie Schröder verkauft, die sie über 3 Generationen behält und 1934 an den Müller Fehsenfeld abgibt. 1964 wurde das Mühlenland mit der schadhaften Wassermühle verkauft und die Gebäude abgerissen.
Es war dann der bekannte Kreisheimatpfleger Johann Segelken, auch Jan Blitz genannt, der 1973 das Stau wieder ausbessern und an die alte Stelle ein Wasserrad aufstellen ließ. Gemeinsam mit einer Demonstrationstafel soll das Wasserrad auf die alte Wassermühlentradition der Korn- und Walkmüller in der Stadt Osterholz-Scharmbeck hinweisen.

◁ **Die ehemalige Fehsenfeldsche Mühle am Scharmbecker Bach**

---

114) Niedersächsisches Staatsarchiv Stade Rep. 174 Osterholz 133/4
115) hannoverscher Fuß (seit 1837) = 0,2922 m
116) Johann Segelken, Osterholz-Scharmbecker-Heimatbuch, 1967

STAUANLAGE SANDBECK

Ein besonders kulturhistorisches und optisches Kleinod der Stadt Osterholz-Scharmbeck ist das alte Gut Sandbeck.
Erstmalig taucht der Name von Westerbeck im Jahr 1182 auf. Pratje[117]) berichtet hierzu, daß Probst Eilhard 1182 dem Eler von Westerbeck die Holzvogtei Schermbecke geschenkt habe. Dieser habe sich verpflichtet, die eine Hälfte der Einkünfte dem Kloster zu geben, um die andere Hälfte selbst behalten zu können. 1233 verkaufte Berthold von Westerbeck[118]) sein Gut zum Sandbeck an das Kloster Osterholz. Er erhielt hierfür 30 Bremer Mark, die der Ritter von Westerbeck für eine Teilnahme am Kreuzzug nach Jerusalem brauchte, zu der die Kirche aufgerufen hatte. Das Kloster vergab von nun an bis zur Säkularisation 1648 das Gut zum Lehen. 1856 wurde das Lehen mit einem Betrag von 1500 Thlr. abgelöst.
Der Name Westerbeck ist wohl als Vorläufer des Namens von Sandbeck anzusehen.
Mushard[119]) schreibt: „Der Erbsitz dieses hochadligen Geschlechts (v. Westerbeck) ist an einem klaren Sandbache gebauet in einer überaus lustigen Gegend nicht weit von dem alten Jungfrauen Closter Osterholz. Doch hat es solchen Zunahmen „von dem Sandbeke" vor alter Zeit nicht gebrauchet, sondern sich „von den Westerbecke" geschrieben, welches Dorf nahe an dem Sandbeke gelegen und der Familie gehörig."
Wie üblich ist nach dieser Ansiedlung anzunehmen, daß bald danach auch die Wasserkraft in Anspruch genommen wurde. Der Name und das Wappen deuten beide auf die wirtschaftliche Wichtigkeit dieses Bachlaufes hin.

117) Pratje, Altes und Neues aus dem Herzogtum Bremen und Verden, 1769/81, S. 435/46
118) Pratje, Altes und Neues aus dem Herzogtum Bremen und Verden, 1769/81, Band V S. 436
119) Lüneburg Mushard, Monumentum nobilitatis antiquae in Ducatibus bremensi et Verdensi, 1708 (Denkmal der uralten berühmten Geschlechter im Herzogtum Bremen und Verden)

Von den von dem Sandbeke / oder Sandbeck / welche vorzeiten von Westerbeke genandt worden.

DEr alte Sandbecken-Schild zeiget im blauen Felde eine Cristallen-klare Bach / welche oben aus der rechten Schildes-Ecke unten zu der lincken fliesset / und auff dem offenen Helm drey natürliche Pfauen Federn. Die Farben an dem Crantz und Helm-Decken sind blau / weiß und grünlicht verthei-let. Die Erklärung wird in folgenden Versen einigermassen entworffen seyn:

Qualis arenosis oriens è collibus unda
  Subjectam vitreo gurgite lambit humum,
Floret ager circum variisque coloribus ornat
  Ripas tam blandè prata rigantis aqvæ.
Talis amans æqui mens puris purior undis,
  Condecorando alias accipit ipsa decus.

Gleichwie ein helle Bach den Silber-Sand befeuchtet /
  Und alles umb sich her mit Graß und Blumen ziert:
So zier't und wird gezier't ein Hertz das GOtt erleuchtet /
  Und wie ein helle Bach durchs Tugend-Tahl hinführt.

Der

DEr Erb-Sitz dieses Hochadelichen alten Geschlechts ist an einen klarem Sand-Bache gebauet in einer überauslustigen Gegend / nicht weit von dem alten Jungfrauen-Closter Osterholtz. Doch hat es solchen Zunahmen von dem Sandbeke vor alten Zeiten nicht gebrauchet / sondern sich von Westerbeke geschrieben / welches Dorff nahe an dem Sandbeke gelegen und der Familie zugehörig. Vid. MSC. Joh. Roden. f. m. 36.

Anno 1227. als Hertzog Heinrich Pfaltz-Grafe am Rhein und Herr zu Braunschweigk Hertzogen Heinrichs des Löwen Sohn sich wegen der Grafschafft Stade wiederumb verglichen mit dem Ertz-Bischoffe zu Bremen / haben drey dieses Geschlechts dem Ertz-Bischoffe gehuldiget / nehmlich Herman / Berthold und Drochtlev von Westerbeke.

Anno 1322. hat gelebet Henricus de Westerbecke und seine Ehe-Frau Gertrudis.

Anno 1440. lebete Johan von Sandbeke.

In Jahr Christi 1447. hat Heino von dem Sandbeke sein Insiegel unter einem Briefe gesetzet.

Im Jahr Christi 1454. haben Berthold und Heino von dem Sandbeke Gebrüder sambt andern von der Ritterschafft eine Verbündniß auffgerichtet mit der Stadt Bremen 32. Jahr lang.

Anno Christi 1457. am Abend S. Thomæ Apostoli hat gelebet Berthold von Sandbeke.

Anno Christi 1468. am Freytage vor Dominica Oculi hat Berthold von Sandbeke einen Brief datiret. It. Anno eod. am dritten Tage nach S. Bartholomæi.

Anno 1473. am Tage Quasimodogeniti verkopen Berthold / Johan und Borchard dessülven Bertholdes Söhne / Knapen in dem Stichte Bremen / alle geheten van Sandbeke / dem düchtigen Knapen Crike van Luneber-gen eine Wische gelegen tho Wirstede im Kerspele tho Schermbeke.

Anno 1492. am Abend unser lieben Frauen in der Fasten hat noch einen Brief gesiegelt Berthold von Sandbeke.

Anno 1534. ist Jost von Sandbeke mit genennet in der Zusammensetzung der Ritterschafft.

Anno 1534. wird Jost von Sandbeck in einem Briefe genandt und gesetzet / als ein Zeuge:

Anno eod. am Mittewochen nach dem Sontage Cantate, als ein Verbündniß gemacht worden von den Ständen dieses Ertz-Stiffts Bremen / hat Jost von Sandbeck neben andern auch mit darin gewilliget.

Anno 1537. am heiligen Oster-Abend hat gelebet Jost von Sandbeck und einen Brief gesiegelt.

Anno Christi 1538. Dingstages nach der Apostel-Theilung hat Jürgen von Schwanewede einen versiegelten Brief gegeben Hermanno von Brobergen; an solchen Brief hat Jost von Sandbeck / neben andern als Bürge sein Insiegel hangen lassen.

A. 1539. hat Jost von Sandbeck sein Insiegel an einen Brief gehangen.

Anno 1545. It. 1555. ist Jost von Sandbeck neben andern Bürge worden für Jürgen von Schwanewede.

1806 berichtet der Müller Gerbade[120]) aus Cassebruch von der Mühle Sandbeck, in der lange Zeit der Mahlvoigt seßhaft war. Er bescheinigt der Mühle eine Leistung von 336 Last Korn, bemerkt aber dazu, daß das Bauwerk im ganzen Zeuge schlecht sei.
Im Gutachten des Müllers Witte[121]), Bremervörde, vom Jahre 1849 wird die Wassermühle dann exakt beschrieben: Kornmühle, oberschlächtiges Rad, 1 Roggengang, Stein = 5 Fuß 2 Zoll, wenig Wasser, da auf Quellen angewiesen, Beschaffenheit der Mühle mangelhaft, Leistung jährlich 109 Last, bei Renovierung bis zu 120 Last möglich, Mahlgeld 9 Pfg. je Viertel Getreide, Mahlgäste: Sandbecker, Scharmbecker und einzelne aus Ohlenstedt, Hülseberg, Büttel, Buschhausen, Lintel und Heilshorn.
Nach dem Gesetz von 1831 zur Ablösung der Grundrechte und Grundlasten wurde die Mühle 1856 durch Ablösung der Reallasten beim Königreich Hannover Eigentum des Gutes, um bald darauf 1873 für 3000 Rth.[122]) an den Müller Johann Monsees verkauft zu werden.
Die Wasserzuführung muß sich in den Jahren fortwährend verschlechtert haben. Der zunehmende Ackerbau verbrauchte mehr Wasser und die Meliorationen ließen das Wasser in kurzen unregelmäßigen Schüben schnell abfließen. Der Mühlenteich konnte diese Wassermengen jedoch nicht aufnehmen. Er war am Gut Sandbeck hauptsächlich als Schutzgraben um das Gut angelegt und mußte vor allem die Eichenpfähle, auf denen das Herrenhaus steht, durch einen gleichmäßigen Wasserstand vor Fäulnis schützen.
Mit der zunehmend aufkommenden Wasserknappheit war es nicht verwunderlich, daß 1835 Claus Hinrich Monsees[123]), der Pächter der Mühle

120) Niedersächsisches Staatsarchiv Stade Rep. 174 Osterholz 133/3/II
121) Niedersächsisches Staatsarchiv Stade Rep. 174 Osterholz 133/4
122) Johann Segelken, Osterholz-Scharmbecker-Heimatbuch, 1967
123) Niedersächsisches Staatsarchiv Stade Rep. 74 Osterholz 347/1

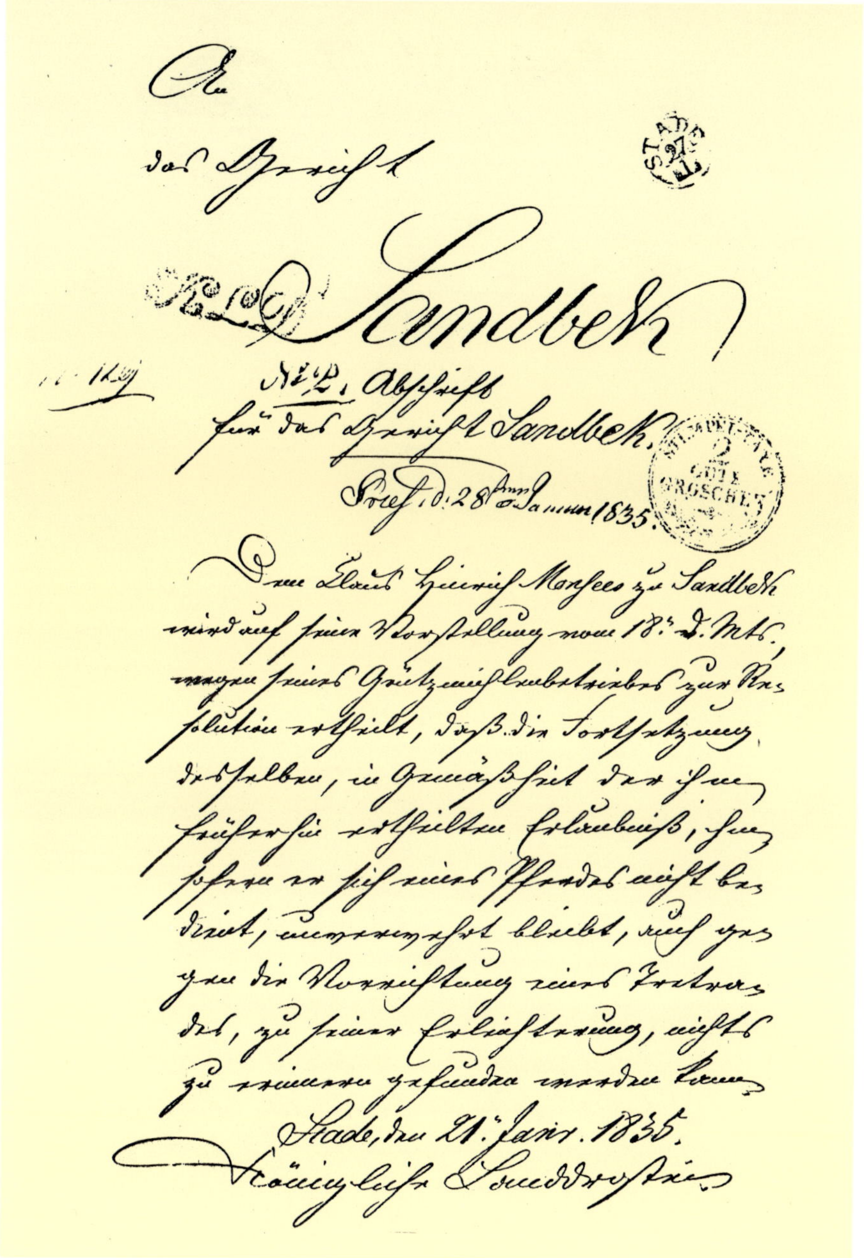

No 1062. pr. 5 Oct. 1847.

STEMPEL-TAXE 2 GUTE GROSCHEN

Nr / 9

Cal. A

An

Königlich Hannoversche Landdrostei zu Stade

Vorstellung und Bitte

von Seiten

des Müllers Matthias Wehmann zu Scharmbeck Amts Osterholz

betreffend die Erlaubniß zur Anlegung einer Korn Windoder Roß-Mühle

Der Supplicant ist der Pächter der in Scharmbeck belegenen dem Herrn von Sandbeck gehörenden Erbenzinsmühle. Es hatte schon früher diese Mühle keinen Wegen einen Mangel an Wasser, da der Bach an welchem sie belegen ist, nicht sehr reichhaltig fließt. Seit einiger Zeit hat nun aber der Tuchfabricant Hemeling oberhalb der Mühle des Supplicanten eine Wasserableitung zum Zwecke einer Dampfwalkmühle angelegt und dadurch dem Supplicanten das Wasser in solchem Maaße entzogen, daß er täglich mehr als 5000 Kubikf. Wasser verliert, so daß der Supplicant die Mahlgäste, die er früher hatte, zu befriedigen nicht mehr im Stande ist. Um nun seinen Schaden sich einiger Maaßen ersetzen zu können, wünscht der Supplicant eine Roß- oder Wind-Mühle zu Scharmbeck anlegen zu dürfen und daher wendet er sich um die Erlaubniß dazu zu erlangen an Königliche zu Sandbeck, einen damals gebräuchlichen Zusatzantrieb, ein Tretrad, und 1837 dann Matthias Wehmann[124]) sogar den Bau einer Wind- oder Roßmühle beantragte. Das Tretrad, nur durch Menschen zu betreiben, wurde genehmigt, die Roß- und Windmühle nicht. Damit war das Schicksal der Sandbecker Wassermühle langfristig gesehen besiegelt.

An das Gericht Sandbek
Abschrift für das Gericht Sandbek.
Brief den 28ten Januar 1835

Dem Claus Hinrich Monsees zu Sandbek wird auf seine Vorstellung vom 18. d. Mts., wegen seines Grützmühlenbetriebes zur Resolution ertheilt, daß die Fortsetzung desselben, in Gemäßheit der ihm früherhin ertheilten Erlaubniß, ihm sofern er sich eines Pferdes nicht bedient, unverwehrt bleibt, auch gegen die Vorrichtung eines Tretrades, zu seiner Erleichterung, nichts zu erinnern gefunden werden kann.
Stade, den 21. Janr. 1835.
Königliche Landdrostei

15. Oktober 1841

An Königlich Hannoversche Landdrostei zu Stade

Vorstellung und Bitte von Seiten des Müllers Matthias Wehmann zu Scharmbeck Amts Osterholz betreffend die Erlaubniß zur Anlegung einer Korn- Wind- oder Roß-Mühle.

Der Supplicant[125]) ist der Pachter der in Scharmbeck belegenen dem Herrn von Sandbeck gehörenden Kornwassermühle. Es hatte schon früher diese Mühle keines Weges einen Ueberfluß an Wasser, da der Bach an welchem sie belegen ist nicht sehr reichhaltig fließt. Seit einiger Zeit hat nun aber der Tuchfabricant Hermeling oberhalb der Mühle des Supplicanten eine Wasserableitung zum Zwecke einer Dampfwalkmühle angelegt und dadurch dem Supplicanten das Wasser in solchem Maaße entzogen, daß er täglich mehr als 5000 Eimer Wasser verliert, so daß der Supplicant die Mahlgäste, die er früher hatte, zu befriedigen nicht mehr im Stande ist. Um nun seinen Schaden sich einiger Maaßen ersetzen zu können wünscht der Supplicant[126]) eine Roß- oder Wind-Mühle zu Scharmbeck anlegen zu dürfen und daher wendet er sich um dies Erlaubniß dazu zu erlangen an Königliche .... usw.

1966 wurde die Kornmühle endgültig stillgelegt und bald darauf im Jahr 1971 abgerissen. Nur das alte Stauwerk aus dem Jahre 1733 wurde, wahrscheinlich wegen der Verantwortung für die Fundamente des Sandbecker Herrenhauses, nicht auch noch mit beseitigt. Dies Stauwerk mit seinen alten Sandsteinquadern wurde 1975 wieder restauriert und ist jetzt eine Attraktion der Stadt Osterholz-Scharmbeck. Vorgesehen ist, wieder ein Wasserrad einzubauen. Gemeinsam mit der geplanten Gesamtrestaurierung des Gutes Sandbeck wird diese besonders interessante Sehenswürdigkeit weit über die Stadtgrenzen hinaus Bedeutung haben.

---

124) Niedersächsisches Staatsarchiv Stade Rep. 80 G 273/16
125) Supplicant = Antragsteller, Bittsteller
126) Supplicant = Antragsteller, Bittsteller

WINDMÜHLE SANDHAUSEN-MYHLE

Johann Hinrich Kohlmann „Moor-Voigt zu Osterholz" beantragte am 28. August 1786 die Konzession zum Bau einer Windmühle in Pennigbüttel. Nach vielen Schwierigkeiten erhielt er sie endlich am 8. März 1795[127]).
Diese Mühle arbeitete bis in die 20er Jahre hinein, um dann von einer Motormühle im Anbau ersetzt zu werden.
Ab 1941 stand die Windmühle still, die Segel wurden abgenommen, ein ständiger Verfall setzte ein. Bald war die Reitheindeckung schadhaft, die Flügel baufällig und die Galerie brüchig.
1975 wurde dann nach einem Vertragsabschluß mit der Eigentümerin, Frau Meta Finken geb. Wellbrock, durch den Landkreis die Renovierung betrieben.
Am 13. Dezember 1976 konnte die Windmühle Sandhausen voll instandgesetzt, mit neuer Eindeckung, neuen Flügeln und neuer Galerie, als landschaftsprägendes Bauwerk und als technisches Baudenkmal der Öffentlichkeit übergeben werden.
Sie steht nun wieder für Besucher, nach Anmeldung beim Landkreis, zur Besichtigung offen.
Die Windmühle in Myhle wurde 1849 durch den Müller Witte[128]) aus Bremervörde begutachtet. Er schreibt hierzu:
„Die Mühle zu Myhle ist eine holländische Windmühle mit einem Roggengange, einem Weizengange und zwei Graupengängen. Das Windrad hat 74 Fuß Durchmesser, die Steine haben 6 Fuß 7 Zoll Durchmesser, die Höhe der Zwickstelle beträgt 15 Fuß. Die Mühle hat unbeschränkten Wind von allen Seiten, ist solide erbaut, hat leichten Gang und kann daher in aller Beziehung ganze Leistung gewähren.
Bei sehr mäßigem Winde, während das Windrad 9 1/4 Umdrehungen in der Minute machte, vermahlte die Mühle mit einem Gange in 15 Minuten

---

127) Niedersächsisches Staatsarchiv Stade Rep. 174 Osterholz 133/3/I
128) Niedersächsisches Staatsarchiv Stade Rep. 174 Osterholz 133/4

3 Himten (1 Himten = ca. 20 kg) Roggen, das ist in der Stunde 12 Himten. Die Mühle soll durchschnittlich täglich nur 6 Stunden lang in Betrieb sein, weil in dieser Zeit das zur Mühle gelieferte Korn soll vermahlen werden könnnen.
Der Mühlertrag ist zu jährlich etwa 700 Reichstaler angegeben. Das Mahlgeld beträgt 10 Pfennig pro Himten, das ist pro Viertel 6 Pfennig.
Durch Windstille, für Festtage, wegen Schärfens der Steine und wegen sonstiger Reparaturen wird etwa 1/4 des Jahres von der Betriebszeit ausfallen. Es bleiben für diese jährlich 274 Tage. Der Tag zu 6 Betriebsstunden und die Stunde zu 12 Himten angenommen, wären jährlich 206 Last (1 Last = ca. 960 kg) vermahlen und es werden diese, das Mahlgeld zu 3 1/3 Rthl. pro Last, jährlich 687 Rthl. für den Müller eintragen, welches mit der Angabe des Müllers übereinstimmt, um so mehr, da anzunehmen ist, daß der durchschnittliche Gang der Mühle etwas rascher ist, als bei den Probemahlen statthatte.
Als Mahlgäste sind angegeben: Penningbüttel, Altenbrück, Sandhausen, Spreddig zur Hälfte, Ströhe zur Hälfte, Teufelsmoor geringenteils."

In dem Antragsschreiben von Hinrich Kohlmann zur Konzessionierung einer neuen Mühle wird eine ausführliche Begründung für den Mühlenbau gegeben:

28. August 1786
Königlich Großbrittannische, und Churfürstlich Braunschweig Lüneburgische, Zur Regierung der der Hertzogthümer Bremen und Verden Hochverordnete Herren geheimter Rath[129]), und Regierungs Räthe.

Hoch und Hoch Wohlgeboren Gnädiger und Hochgebietende Herren! Ewr. Excellence und Hochwohlgebohren wird nicht unbekandt sein, das in Zeit von 40 biß 50 Jahren, die Einwohner im Amte Osterholtz, wegen der neuen Anbauungen im mohr und auf der geest, sich so vermehret, daß eine Anzahl von wenigsten 300 feuerstellen an iezo hinzu gekommen seyn, auch noch ferner die anbauung Continuiren[130]) wird.
Eine mühsame Last die den unterthanen hiesiges amts zum Theil drückt, bestehet darinne, daß sie ihr Korn was sie zu Brodt und sonstigen Lebends unterhalt nöhtig haben, nicht alle wohl auf den mühlen im amte osterholtz, gemahlen kriegen können. ein kleiner Häußling, der Zur Zeit nicht mehr als 4 biß 6 bremer Vierth.[131]). Zur mühle bringt, muß öfters 3 biß 4 Wege darum thun, und also die Zeit die er zu seinen Verdienst und Arbeit anwenden soll, auf den mühlen wegen zu bringen.
Die Wasser mühle Zum Bredbeck, welche den Mohr anbauern Ströh, Sandhaußen, Alten Brück, Altendamm, neuendamm, und Teufelsmohr am gelegesten, hat wenig Wasser, und kann zu Weihlen im Tag nicht über 8 Vierth. mahlen, die Wasser mühle zum Bulwinckel kann nur allein im Winter, und im Sommer ganz und gar nicht mahlen.
Ein Bauer zu Ohlenste, Freißenbüttel, Hammbergen, Heißenbüttel, Wallhöfen und dergleichen Örter, der selbst Pferde und Wagen hat, muß öfters sein Korn im Gerichte Beverstädt, zu Hagen, und zur Meyenburg mahlen lassen, und über Zwey Meyhle Weges darum fahren.
Da nun in undenklichen Jahren allhier keine neue Mühlen zu gekommen sind, Viehl mehr noch eine aus gegangen, die Einwohner sich häufig gemehret, so Erdreißen wir uns bey dieser Lage der umstände, Ewr.

---

129) Geheime Rath und Regierungs Räthe = Die Stader Landdrostei wurde von 2 Regierungsräten geleitet, wobei 1 Regierungsrat aus den heimischen Ständen kommen mußte und 1 Regierungsrat dem geheimen Ratskollegium Hannover angehörte (geheimer Rat = dem Minister gleichgestellt)

130) continuiren = contineo = festhalten; hier: weiterhin Bestand haben, fortsetzen
131) Bremer Viertel = 1 Bremer Viertel = 0,6 Himten = 12 kg Roggen

No. 212. pr. den 28 Aug: 1786

Königlich Groß Brittannische, und Churfürstlich Braunschweig Lüneburgische, zur Regierung der Herzogthümer Bremen und Verden Hochverordnete Herren Geheimte Rath, und Regierungs Räthe.

Hoch und Hoch Wohlgebohren
Gnädige und Hochgebietende Herren!

Ew. Excellence und Hoch Wohlgebohren wird nicht unbekandt sein, daß in Zeit von 40 bis 50 Jahren, die Einwohner im Amte Osterholz, wegen der neuen Anbauungen im Moor und auf der Geest, sich so vermehret, daß eine Anzahl von wenigstens 300 Feuerstellen an itzo hinzu gekommen seyn, auch noch ferner die Anbauung Continuiren wird.

Eine mühsamen Last die den unterthanen hiesigen Amts zum Theil drückt, bestehet darinnen, daß sie ihr Korn was sie zu Brod und sonstigen Lebendt unterhalt nöthig haben, nicht alle mehr auf den Mühlen im Amte Osterholz, gemahlen kriegen können. Ein kleiner Häusling der zur Zeit nicht mehr als 5 bis 6 Bremer Viertel zur Mühle bringt, muß öfters 3 bis 4 Wege darum thun, und also Zeit die er zu seinem Verdienst und Arbeit anwenden soll auf den Mühlen Wegen zu bringen.

Die Wasser Mühle zum Bredbeck, welche dem Moor anbauer Teich[?], Sandhausen, Altenbrück, Altendamm, Neuendamm, und Teufelsmoor am nächsten gelegen, hat wenig Wasser, und kann zu Zeiten im Tag nicht über 8 Viertel mahlen, die Wasser Mühle zum Buschwinckel kann nur allein im Winter, und im Sommer ganz und gar nicht mahlen.

Die Bauern zu Ohlenstedt, Freyssenbüttel, Hambergen, Heissenbüttel, Wallhöfen u. und dergleichen Örter, die selbst Pferde und Wagen hat, muß öfters sein Korn im Gerichte Beverstädt, zu Hagen, und zur Meyenburg mahlen lassen, und über Zwang mühle wegen daran fahren.

Da nun in undenklichen Jahren allhier keine neue Mühlen zu gekommen sind, wohl mehr noch eine abgegangen, die Einwohner sich häufig vermehret, so erdreisten wir uns bey dieser Lage der Umstände, Ew. Excellence und Hoch-Wohlgebohren, um die Erlaubniß eine neu zu erbauende Wind-mühle, gegen Erlegung eines billigen Zinses unterthänigst an zu suchen. In der

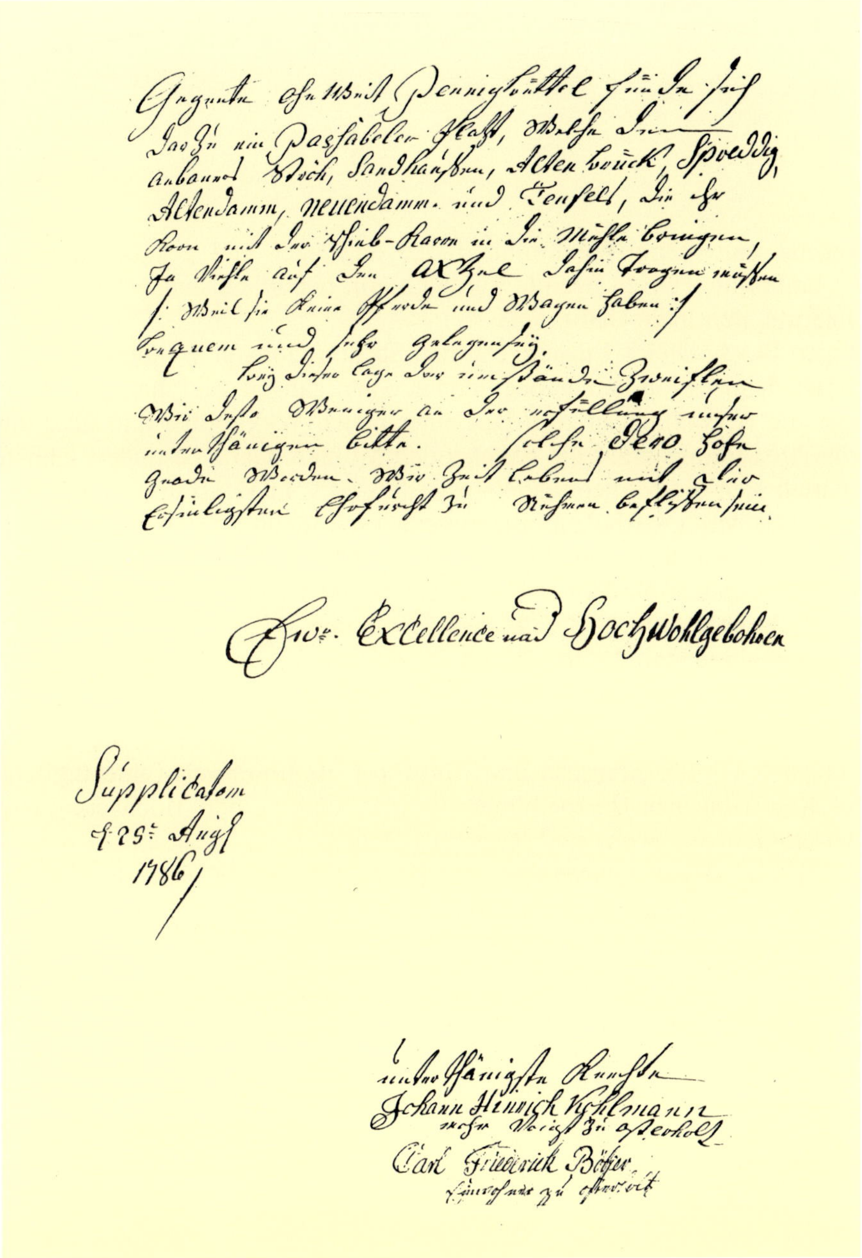

Excellence und Hoch-Wohlgebohren, um die Erlaubniß Eine Neu zu Erbauende Windmühle, gegen Erlegung eines billigen Zinß unterthänigst an zu suchen. In der Gegente ohnweit Pennigbüttel fünde sich darzu ein Passabeler Platz, welche den anbauern Ströh, Sandhaußen, Alten Brück, Spreddig, Altendamm, neuendamm, und Teufels, die ihr Korn mit der Schieb-Karre in die Mühle bringen, ja viehle auf den Axtzel dahin tragen müssen /: weil sie keine Pferde und Wagen haben:/ bequem und sehr gelegen sey.
Bei dieser Lage der umstände Zweiflen wir desto weniger an der erfüllung unser unterthänigen bitte. Solche dero hohe Gnade werden wir Zeit lebens mit der Ersinligsten Ehrfurcht zu rühmen beflissen sein.
Ewr. Excellence und Hochwohlgebohren
Supplication[132]) d. 29. August 1786

unterthänigste Knechte
Johann Hinrich Kohlmann mohr Voigt zu Osterholz.
Carl Friedrich Bötjer Einwohner zu Osterholtz.

Das Antragsschreiben von Hinrich Kohlmann wurde von mehreren Interessenten aus Ohlenstedt und Wallhöfen unterstützt:

Wir in der Bauerschaft Ohlenste haben vernommen daß am 7. Oct. die Gevollmächtigten aus einigen Dörfern hiesiges Amts, wegen Anlegung einer neuen Wind-Mühle sind auf der Amtstube zusammen gewesen; von uns aus gedachter Bauerschaft, ist niemand dagewesen, da wir anitzo die Mehreste-Zeit unser Korn zur Meienburg müssen mahlen lassen, und einen sehr weiten Weg darum fahren, so wünschen wir von Hertzen daß hiesiger

132) Supplicatom = Bittschrift

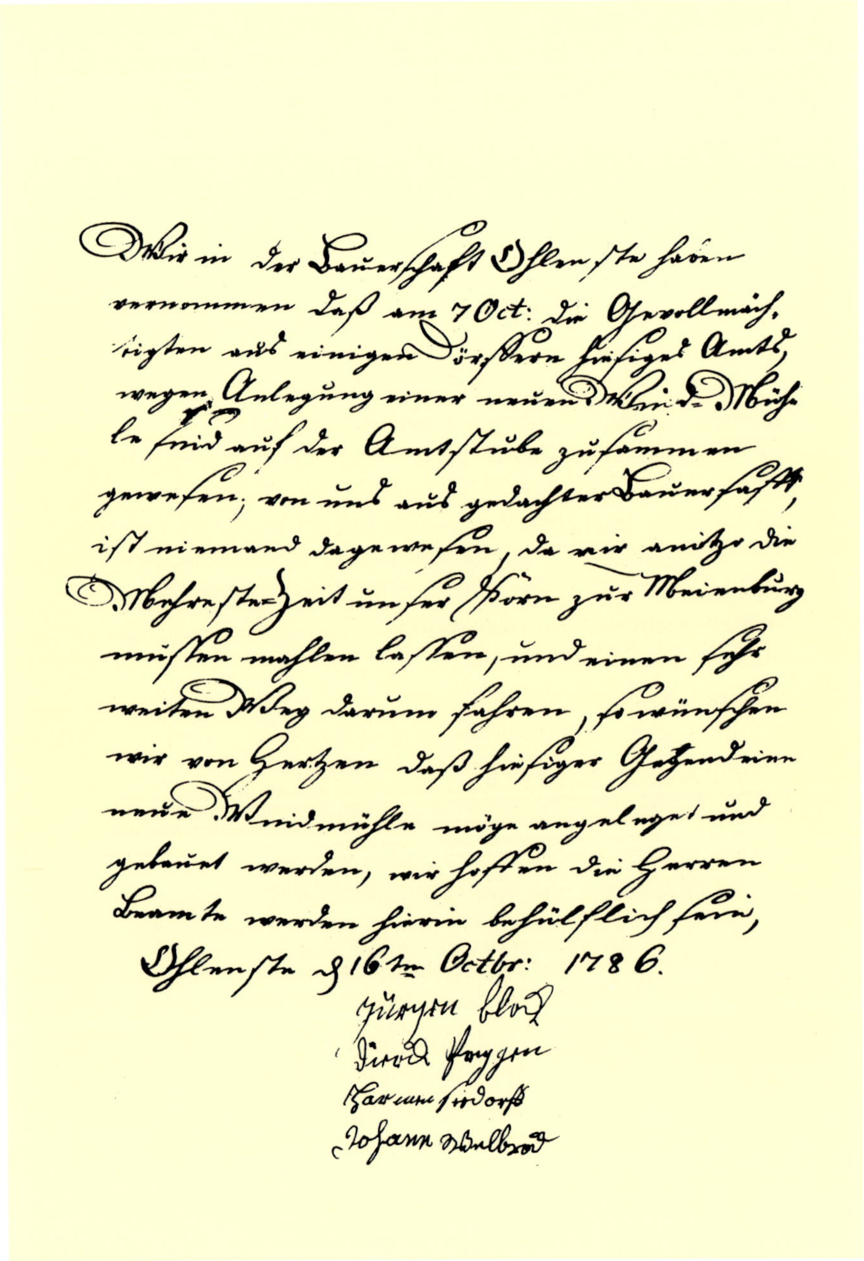
Wir in der Bauerschaft Ohlenste haben
vernommen daß am 7 Oct: die [illegible]
tigten aus einigen Dörfern hiesigen Amts
wegen Anlegung einer neuen Wind-Mühle
[illegible] auf der Amtstube zusammen
gewesen, von und aus gedachter Bauerschaft,
ist niemand dagewesen, da wir anitzo die
Mehresten Zeit unser Korn zur Meinburg
müssen mahlen lassen, und einen sehr
weiten Weg darum fahren, so wünschen
wir von Hertzen daß hiesiger Gegend eine
neue Windmühle möge angeleget und
gebauet werden, wir hoffen die Herren
Beamte werden hierin behülflich sein,
Ohlenste d 16ten Octbr: 1786.
Jürgen Block
Dierck Priggen
Harman Seedorf
Johann Wellbrock

Gegend eine neue Windmühle möge angeleget und gebauet werden, wir hoffen die Herren Beamte werden hierin behülflich sein,
Ohlenste, den 16ten Octbr. 1786
Jürgen Block, Dierck Priggen, Harman Seedorf, Johann Wellbrock
Dieser Konzessionsantrag begründete einen langen und heftigen Streit über die Notwendigkeit zum Bau einer neuen Windmühle und über die evtl. Auswirkungen auf die bestehenden Mühlen. Ganz besonders lebhaft wehrten sich die Müller aus Worpswede und vom Heidkamp in Scharmbeck. Das Amt Osterholz mußte mehrfach sehr deutlich Stellung beziehen, wie z. B. mit dem Bericht vom 14. 3. 1796 sichtbar wird. Nach fast 10 Jahren konnte die Konzessionserteilung dann endlich mit dem Bewilligungsschreiben vom 18. 3. 1795 beendet werden.
Stellungnahme des Amtes Osterholz zur Beschwerde der Interessenten der Windmühle Worpswede zur Errichtung der Mühle Kohlmann

14. März 1796
Königlich Großbritannische und Churfürstl. Braunschweig-Lüneburgisch: zur Regierung der Herzogthümer Bremen und Verden Hochverordnete Herren Geheime-Räthe und Regierung-Rath
Hoch- und Hochwohlgebohrne Gnädige und Hochgebietende Herren!

Die von den Interessenten der Wind-Mühle zu Worpswede über die von den Mohr-Vogt Kohlmann errichtende neue Wind-Mühle eingebrachte Beschwerde, und respective Protestation[133]), weshalb Euer Excellences und Hochwohlgebohren mittelst verehrlichen rescripti[134]) vom 18ten vorigen Monaths unseren gutachtlichen Bericht zu erstatten befohlen, enthält in einem kurzen Auszuge folgende Sätze:

---

133) respective Protestation = beziehungsweise Proteste
134) rescripti = Bescheid, Verfügung

N° 166 pr. den 14 März 1796

Königliche Großbritannische und Churfürstl. Braunschweig-Lüneburgische zur Regierung der Herzogthümer Bremen und Verden Hochverordnete Herren Geheime-Räthe und Regierungs-Rath

Hoch- und Hochwohlgebohrne

Gnädige und hochgebietende Herren!

Die von den Interessenten der Wind-Mühle zu I[illegible] producirte über die von dem Moor-Vogt Kohlmann verlangten neuen Wind-Mühle eingebrachte Beschwerde, und respective Protestation, worüber Euer Excellences und Hochwohlgebohren mittelst verehrlichen rescripti vom 15ten vorigen Monaths unseren gutachtlichen Bericht zu erstatten befohlen, enthält in einem kurzen Auszuge folgende

folgende Punkte:

1. daß das vorgeschützte Bedürfniß wegen einer neuen Mühle die Amts-Eingesessenen durchgehends bestritten, eher aber das Gegentheil der Wahrheit sey. nach pag: 3. 4.

2. der Moorvogt Kohlmann habe Unwahrheiten vorgebracht um die Beamte [illegible] [illegible]. pag: 4.

3. Einen derselben habe schlechte Ursache angegeben, welche er über das Bedürfniß einer neuen Mühle ad Protocollum vom [illegible] Octbr: 1786. genommen, welche Umständen zu Gefallen [illegible] nach pag: 4.

4. Wenn daher diese Untersuchung ordentlich und unpartheiisch angestellet worden, so würde der Amts Bericht vom 9ten [illegible] 1787. ganz anders und eher ausgefallen seyn, und daß die dem Moor-Vogt Kohlmann zu erbauende neue Mühle als unnütz- schädlich wie dagegen unnöthig sey.

nach pag: 5.

5. Nach dem hergegebenen Situations-Plan sollen innerhalb [illegible] Meile nicht mehr denn 11. respective Wind- und Wasser-Mühlen vorhanden seyn.

nach pag: 6.

6. Nach dem Plan liegen da, wo die neue Mühle zu stehen kommen solle, noch 5. Mühlen neben einander.

nach pag: 7.

die Anbauungen wären nicht so erheblich= oder hätten wenigstens nicht so viele Beziehung auf die schon vorhandenen Mühlen, daß solche die Erbauung einer neuen nothwendig machten,

nach pag: 7.

die von dem Mohr-Vogt Kohlmann angegebenen 300. Feuerstellen möchten sich wohl auf die beiden Ämter Osterholtz und Ottersberg, nicht aber auf, wie hier, allein erstrecken, zudem sei bei Verzeigung der Wind-Mühle auf dem Heidkamp auf diese Anbauer schon Rücksicht genommen.

nach pag: 8.

Es sey die gröbste Unwahrheit ;/: sunt ipsissima verba :/ daß die Mühle zum Bredbeck täglich nicht mehr als 8. Bremer Viertel solle mahlen können.

nach pag: 10.

Eben so unwahr sey es, daß die Eingesessenen zu Hambergen, Ohlenstedt, Freißenbüttel, Heißenbüttel und andern Dörfer ihr Korn nach Hagen, oder Meyenburg brächten, sondern sie ließen insbesondere im Frühling so viel Korn zum Bullerwindel durchmahlen, daß sie bis Johanni, daß diese Mühlen wieder mahlen dürfen, mit Mehl hinlänglich versorgt wären

nach pag: 11.

11. Endlich soll es eine Unwahrheit seyn, daß eine Mehl-Mühle eingegangen

nach pag: 14.

12. Das Amt Osterholtz soll höchstens 1 Meile im Durchschnitt haben.

nach

nach pag: 17.

13. das Amt soll außer Osterholtz, und Scharmbeck aus lauter kleinen Dörfern bestehen, von deren Einwohnern die meisten noch überhin lauter kleine armselige Leute sind, die wenig oder nichts zu mahlen haben

nach pag: 17

und bitten

14. zuletzt, um ein abgemessenes, gerechtes, billiges, und beiden Theilen gleiches Urtheil erwarten zu können, um die Anordnung einer Commission, welche

a das locale
b die Anzahl, und Lage der Mühlen
c den Zustand der Anbauungen in dem Amte, und
d die übrigen in diese Sache eingreifende wesentliche Umstände
e mit Zuziehung eines Beamten nebst den beiden Kunstverständigen Müllern zu Vegesack, und Lilienthal untersuchen solle,
f vorher aber ein inhibitorium auf den Mohr-Vogt Kohlmann zu erlassen, mit dem schon seit 3. Wochen gedachten Bau dieser Mühle so lange einzuhalten bis einmal vorgeschriebenes Urtheil erfolget.

Bei Befolgung des erhaltenen Befehls erlauben wir uns, die allgemeine Bemerkung voran zu schicken, daß der weniger oder mindere Grad des Zutrauens der Land-Leute auf einen Advokaten entweder in der von ihm

1. daß das vorgespielte Bedürfnis dieser neuen Mühle für die Amts-Eingesessene überhaupt - besonders aber für die neue Anbauer eine Unwarheit sey nach pag: 3.4.

2. Der Mohr Vogt Kohlmann habe Unwarheiten vorgebracht, welchen die Beamte Glauben beigemaßen. pag: 4.

3. Eben derselbe habe schlechte Leute ausgesuchet, welche das Amt über dies Bedürfnis einer neuen Mühle ad Protocollum vom 7ten Octbr: 1786 vernommen, welche demselben zu Gefallen deponiret nach pag: 4.

4. Wenn daher diese Untersuchung ordentlich, und unparteiisch wäre angestellet worden, so würde der Amtsbericht vom 9ten Januar 1787 ganz anders, und dahin ausgefallen seyn, daß die von dem Mohr Vogt Kohlmann zu erbauende neue Mühle nicht blos unnütz - sondern noch dazu unnöthig sey. nach pag: 5.

5. Nach dem hergegebenen Situations-Plan sollen innerhalb einer Meile nicht mehr denn 11 respective[135]) Wind- und Waßer-Mühlen vorhanden seyn. nach pag: 6.

6. Nach dem Plan liegen da, wo die neue Mühle zu stehen kommen soll, noch 5 Mühlen neben einander. nach pag: 7.

7. Die Anbauungen wären nicht so erheblich = oder hätten wenigstens nicht so viele Beziehung auf die schon vorhandene Mühlen, daß solche die Erbauung einer neuen nothwendig machten, nach pag: 7.

8. Die von dem Mohr-Vogt Kohlmann angegebene 300 Feuerstellen möchten sich wohl auf die beiden Aemter Osterholtz und Ottersberg, nicht aber auf ersteres allein erstrecken, zudem sei bei Vorrichtung der Wind-Mühle auf dem Heid Camp auf diese Anbauer schon Rücksicht genommen. nach pag: 8.

9. Es sey die gröbste Unwahrheit, sunt ipsissima verba[136]):/ daß die Mühle zum Bredbeck täglich nicht mehr als 8 bremer Viertel solle mahlen können. nach pag: 10

10. Eben so unwahr sey es, daß die Eingesessenen zu Hambergen, Ohlenste, Freißenbüttel, Heißenbüttel und andere Dörfer ihr Korn nach Hagen, oder Meyenburg brächten, sondern sie ließen iedesmahl in Frühling so viel Korn zum Bullwinkel durch mahlen, daß sie bis dahin, daß diese Mühle wieder mahlen dürfe, mit Mehl hinlänglich versorget wären. nach pag: 11

11. Endlich soll es eine Unwarheit seyn daß eine Mahl-Mühle eingegangen nach pag: 11

12. Das Amt Osterholtz soll höchstens 1 Meile im Durchschnitt haben. nach pag: 17

13. Das Amt soll außer Osterholtz, und Scharmbeck aus lauter kleinen Dörfern bestehen, von deren Bewohnern die meisten noch überhin lauter Kleine armselige Leute sind, die wenig, oder nichts zu mahlen haben. nach pag: 17

und bitten

135) respective = beziehungsweise
136) sunt ipsissima verba = seine eigenen Worte

14. zuletzt, um ein abgemessenes, gerechtes, billiges, und beiden Theilen gleiches Urtheil erwarten zu können, um die Anordnung einer Commission, welche

a das locale
b die Anzahl, und Lage der Mühlen
c den Zustand der Anbauungen in dem Amte, und
d die übrige in diese Sache eingreifende wesentliche Umstände
e mit Zubeziehung eines Beamten nebst den beiden Kunstverständigen Müllern zu Vegesack, und Lilienthal untersuchen soll,
f vorher aber ein inhibitorium[137]) auf den Mohr-Vogt Kohlmann zu erlaßen, mit dem schon seit 3 Wochen gedaureten Bau dieser Mühle so lange einzuhalten, bis eines vorgeschriebene Urtheil erfolget.

Bei Befolgung des erhaltenen Befehls erlauben wir uns, die algemeine Bemerkung voran zu schicken, daß der mehrere - oder mindere Grad des Zutrauen der Land-Leute auf einen Advokaten entweder in den von ihm gebrauchtem gemäßigten Ausdrücken, oder in den plumpen Ausfällen seinen Grund hat, dazu er sich in seinen Aufsätzen bedienet,

Bei Befolgung des erhaltenen Befehls erlauben wir uns, die algemeine Bemerkung voran zu schicken, daß der mehrere - oder mindere Grad des Zutrauen der Land-Leute auf einen Advokaten entweder in den von ihm gebrauchten gemäßigten Ausdrücken, oder in den plumpen Ausfällen seinen Grund hat, dazu er sich in seinen Aufsätzen bedienet, und wenn das letztere vollends gegen Obrigkeitliche - oder andere angesehene Persohnen geschiehet, so wird solches von ihnen vor ein Merckmahl eines besonderen Muths, und einer vorzüglichen Geschicklichkeit angesehen, und eine reichliche Belohnung ist die gewisse Folge davon.

137) inhibitorium = Verbot

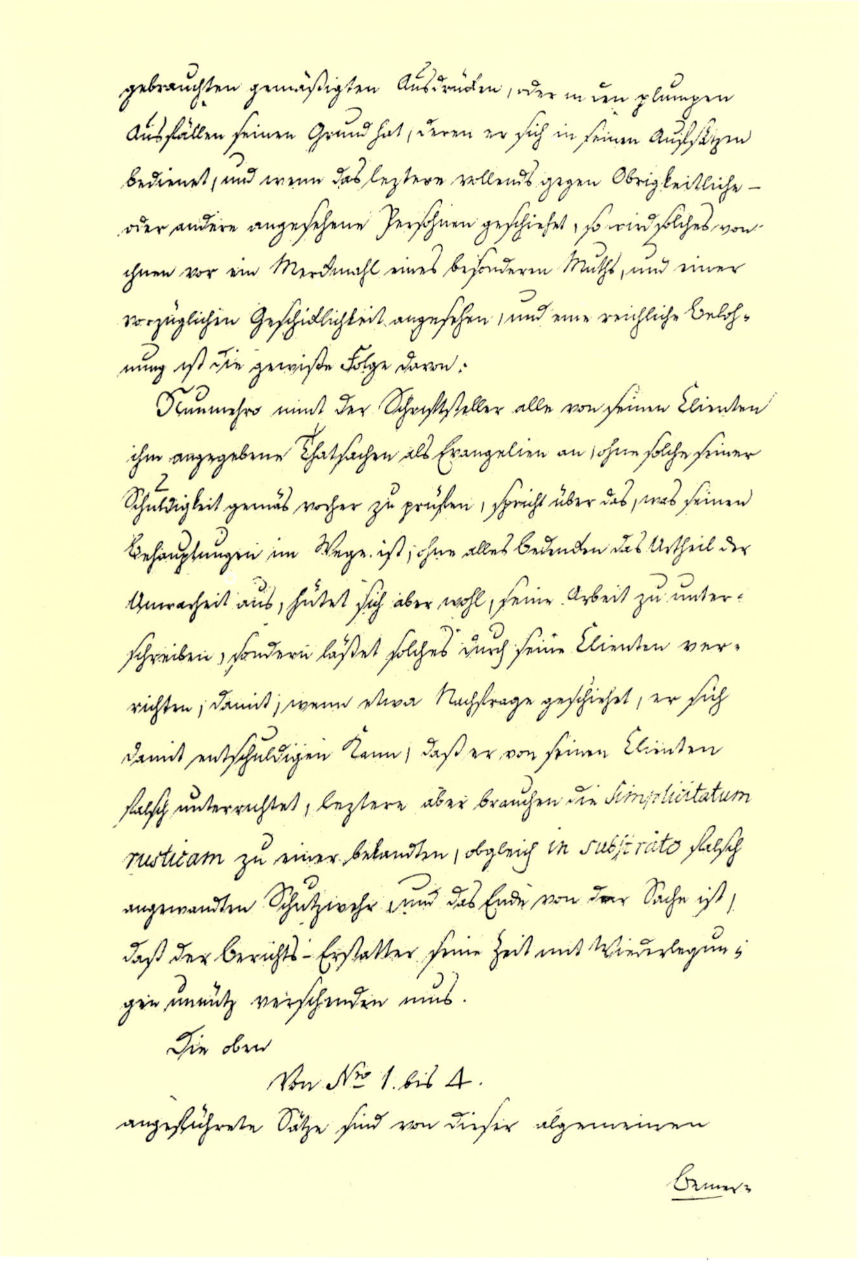
gebrauchten gemäßigten Ausdrücken, oder in den plumpen Ausfällen seinen Grund hat, dazu er sich in seinen Aufsätzen bedienet, und wenn das letztere vollends gegen Obrigkeitliche - oder andere angesehene Persohnen geschiehet, so wird solches von ihnen vor ein Merckmahl eines besonderen Muths, und einer vorzüglichen Geschicklichkeit angesehen, und eine reichliche Belohnung ist die gewisse Folge davon.

Nunmehro nimt der Schriftsteller alle von seinen Clienten ihm angegebenen Thatsachen als Evangelium an, ohne solche seiner Schuldigkeit gemäß vorher zu prüfen, schreibt über das, was seinen Behauptungen im Wege ist, ohne alles Bedenken das Urtheil der Unwahrheit aus, hütet sich aber wohl, seine Arbeit zu unterschreiben, sondern läßet solches durch seine Clienten verrichten, damit, wenn etwa Nachfrage geschiehet, er sich damit entschuldigen kann, daß er von seinen Clienten selbst unterrichtet, letztere aber brauchen die Simplicitatem rusticam zu einer [illegible], obgleich in substrato selbst angewandten Schutzwehre und das Ende von der Sache ist, daß der Bericht-Erstatter seine Zeit mit Widerlegung [illegible] unnütz verschwenden muß.

Die oben

ad N° 1. bis 4.

angeführten Sätze sind von dieser algemeinen

Bemer-

Bemerkung ein unwiderleglicher Beweis, die darin vorgebrachte Anstrengungen aber sind von der Art, daß wir unsere Glaubwürdigkeit, und Dienst-Fähigkeit, eine Sache gehörig zu untersuchen, compromittiren würden, wenn wir uns solcher wegen rechtfertigen wollten, daher wir ehrerbietig hoffen daß Euer Excellences und Hochwohlgebohren uns gnädig entschuldigen werden, wenn wir uns statt aller Widerlegung auf den unterm 9ten Januar. 1787. erstatteten Bericht lediglich beziehen.

ad No. 5.

Nach dem oben angezogenen Amts Bericht sind die in dem Amte vorhandene 8. Mühlen namentlich aufgeführet, und dabei soll, und muß es auch sein Bewenden behalten.

Wenn aber die Protestanten, um die angegebene Anzahl von 11. voll zu machen, auf dem hergegebenen Plan die 3. Mühlen zu Hüttenbusch, Amts Ottersberg, zu Lübberstedt, Amts Hagen, und zu Gichler Mühle, Amts Bremervörde zu Hülfe nehmen; so ist dies eine Unverschämtheit, dergleichen uns bis daher gar nicht vorgekommen, die aber auch zugleich die Euer Excellences und Hochwohlgebohren schuldige Ehrerbietung offenbar beleidigt.

ad No. 6.

Nach dem kleinen Plan liegen 5. Mühlen in einer scheinbaren Nähe; sonst aber ist die Mühle zum Kuschkamp 2. Stunden, die zum Heidkamp eine halbe Meile entfernt, die geringe Mühle zum Bredbeck kann in keine Betrachtung kommen, und so bleiben von den gedachten 5. Mühlen denn nur 2. übrig.

ad No. 7

Ueber die Erheblichkeit, oder Unerheblichkeit der Anbauungen, und den Einfluß der letzteren auf die Nothwendigkeit von mehreren Mühlen urtheilen die Protestanten, wie die blinden von der Farbe. Der Concipient aber hätte solches besser verstehen – und, bevor er die Unnöthigkeit einer neuen Mühle mit einer solchen eisernen Stirn so dreist behauptet, einsehen müssen, daß es seinen Clienten zu dieser Behauptung durchaus an allen Nachrichten fehlet.

ad No. 8.

Nicht der Mohr-Vogt Kohlmann, sondern das Amt hat in seinem Bericht vom 9ten Januar: 1787. behauptet, daß von 1752. bis 1782. incl. das Gericht Sandbeck 244 neue Wohnstellen an die Reihe gebracht, wohinzu seit dieser Zeit bis hieher gewiß noch 26. Stellen gekommen sind, die wir, so bald Euer Excellences und Hochwohlgebohren zu befehlen geruhen werden, namentlich zu verzeichnen bereit sind.

Ganz irrig, und völlig ungegründet ist daneben, daß auch diese in dem ganzen Amte zerstreuete Anbauungen

die

Nunmehro nimt der Schriftsteller alle von seinen Clienten ihm angegebene Thatsache als Evangelien an, ohne solche seiner Schuldigkeit gemäs vorher zu prüfen, spricht über das, was seinen Behauptungen im Wege ist, ohne alles bedenken das Urtheil der Unwarheit aus, hütet sich aber wohl, seine Arbeit zu unterschreiben, sondern läßet solches durch seine Clienten verrichten, damit, wenn etwa Nachfrage geschiehet, er sich damit entschuldigen kann, daß er von seinen Clienten falsch unterrichtet, letztere aber brauchen die Simplicitatum rusticam[138]) zu einer bekandten, obgleich in substrato[139]) falsch angewandten Schutzwehr und das Ende von der Sache ist, daß der berichts-Erstatter seine Zeit mit Wiederlegungen unnütz verschwenden mus. Die oben von N^ro. 1 bis 4 angeführete Sätze sind von dieser algemeinen Bemerkung ein unwiederleglicher Beweis, die darin vorgebrachte Aeußerungen aber sind von der Art, daß wir unsere Glaubwürdigkeit, und Dienst-Fähigkeit, eine Sache gehörig zu untersuchen, compromittiren würden, wenn wir uns solcher wegen rechtfertigen wolten; daher wir ehrerbietig hoffen daß Euer Excellences und Hochwohlgebohren uns gnädig entschuldigen werden, wenn wir uns stat aller Wiederlegung auf den unterm 9ten Januar 1787 erstatteten Bericht lediglich beziehen.

ad N^ro. 5

Nach dem eben angezogenen Amts Bericht sind die in dem Amte vorhandenen 8 Mühlen namentlich aufgeführet, und dabei soll, und mus es auch sein Bewenden behalten.

Wenn aber die Protestanten, um die angegebene Anzahl von 11 voll zu machen, auf dem hergegebenen Plan die 3 Mühlen zu Hüttenbusch, Amts Ottersberg, zu Lübberstedt, Amts Hagen, und zu Giehler Mühle, Amts Bremervörde zu Hülfe nehmen, so ist dies eine Unverschämtheit, dergleichen uns bis daher gar nicht vorgekommen, die aber auch zugleich die Euer Excellences und Hochwohlgebohren schuldige Ehrerbietung offenbar beleidiget.

ad N^ro. 6

Nach dem kleinen Plan liegen 5 Mühlen in einer scheinbaren Nähe, sonst aber ist die Mühle zum Ruschkamp 2 Stunden, die zum Heidkamp eine halbe Meile entfernet, die geringe Mühle zum Bredbeck kann in keine Betrachtung kommen, und so bleiben von den gerühmten 5 Mühlen davon nur 2 übrig.

ad N^ro. 7

Ueber die Erheblichkeit, oder Unerheblichkeit der Anbauungen, und den Einflus der lezteren auf die Nothwendigkeit von mehreren Mühlen urtheilen die Protestanten, wie die blinden von der Farbe. Der Concipient aber hätte solches beßer verstehen - und, bevor die Unnöthigkeit einer neuen Mühle mit einer solchen eisernen Stirn so dreist behauptet, einsehen müßen, daß es seinen Clienten zu dieser Behauptung durchaus an allen Nachrichten fehlet.

ad N^ro. 8

Nicht der Mohr-Vogt Kohlmann, sondern das Amt hat in seinem Bericht vom 9ten Januar 1787 behauptet, daß von 1752 bis 1782 incl. des Gerichts Sandbeck 244 neue Wohnstellen an die Reihe gebracht, wohinzu seit dieser Zeit bis hierher gewis noch 26 Stellen gekommen sind, die wir, so bald Euer Excellences und Hochwohlgebohren zu befehlen geruhen werden, namentlich zu verzeichnen bereit sind. Ganz irrig, und völlig ungegründet ist daneben, daß auch diese in dem ganzen Amte zerstreute Anbauungen bei Errichtung der neuen Mühle auf den Heidkamp Rücksicht genommen,

---

138) Simplicitatum rusticam = ländliche Einfachheit
139) substrato = im Gehalt, Grundlage

bei Errichtung der neuen Mühle auf den Heidkamp Rücksicht
genommen, sondern diese ist ein surrogatum, für die dagegen
eingegangene herrschaftliche Korn Waßer-Mühle auf der Lage.

ad No 9.

Wenn das Vorgeben, als ob die Mühle zum Bredbeck wegen des
geringen Waßer-Zuflußes täglich nur 8. Bremer Viertel ab-
mahlen könne, vor die gröbste Unwarheit erklärt wird, so
ist es ein Glück daß dies von dem Amte nicht geschehen ist.
Dieses hat in dem oft angezogenen Bericht blos angeführt, daß
diese kleine Mühle täglich nicht mehr, als 4. bis 5. Stunden
mahlen könne, und zu dieser Ausführung haben wir im Fall
der Noth unseren Gewährsmann, da dem Amte nicht ange-
muthet werden kann, dergleichen ganz besondere Umstände
aus eigener Erfahrung zu wißen.

ad No 10

Wenn hier wiederum, wie bisher, auf eine ungesittete
Art mit Unwarheits-Erklärungen um sich geworfen wird,
so mögen die Protestanten solches gegen die Dorfschaften
ausmachen, welche diese Thatsachen theils mündlich am 7ten
October 1786. zu Protocoll, theils nachher durch die Berichts
Beilagen B. und C. de propria scientia schriftlich be-
zeugt haben.

ad No 11.

Es ist keineswegs eine Unwarheit, sondern in der
strengsten Warheit gegründet, daß eine - und zwar herrschaft-
liche Waßer-Mühle eingegangen, so daß für selbige keine
andere Mühle in die Stelle gekommen, welche in dem Flecken
Osterholz, und zwar dicht hinter dem Amthause gelegen gewesen.
Dies wissen alle Eingeseßenen zu Worpswede, deren Kirch-
und Todten-Weg über die Mühlen-Brücke gegangen, so lange
selbige vor Errichtung dieses neuen Kirchspiels zu Scharnbeck
eingepfarret gewesen.

ad No 12.

Der actual Inhalt des Amts macht 4. □ Meilen aus, und
die beide äußersten Amts-Dörfer Vollersode, und Scharnbeck-
stotel sind 2. Meilen von einander entfernt. Nur die
Protestanten entsehen sich nicht, gegen diese offenkundige
Warheit Euer Excellences und Hochwohlgebohren mit
der Angabe hintergehen zu wollen, daß das Amt höchstens
Meile im Durchschnitt habe, lediglich in der Absicht, ihrer
falschen Angabe, daß 11. Mühlen bereits vorhanden, einen
Anstrich zu geben

ad No 13.

Die hieselbst von dem Amte Osterholz gemachte Beschreibung
ist ein offenbarer Beweis, daß es dem Schriftsteller nicht
um Warheit, sondern lediglich um ein leeres Geschwätz zu
thun gewesen, welches den von ihm vorgespiegelt werden

wollen,

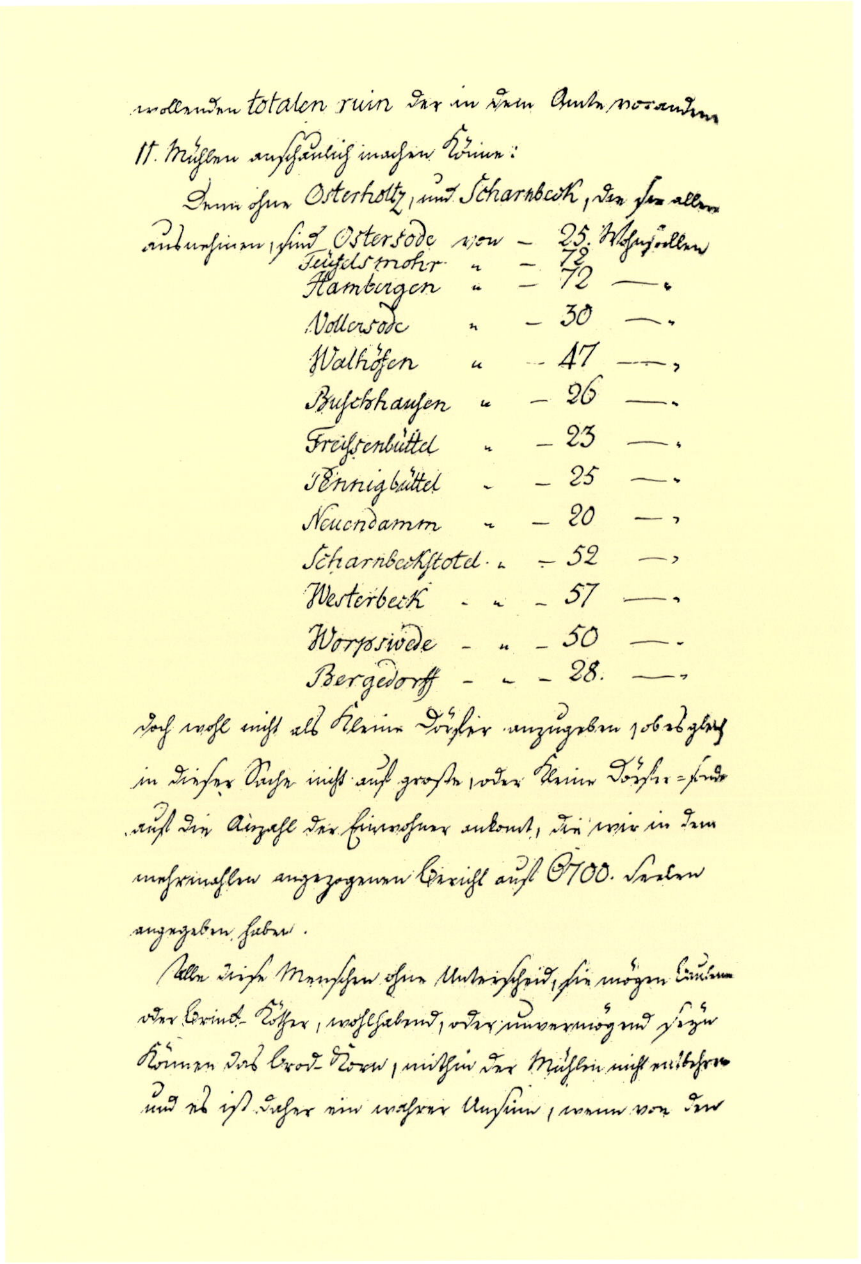

vollenden totalen ruin der in dem Amte vorhanden
11. Mühlen augenscheinlich machen können:
Denn ohne Osterholtz, und Scharmbeck, der ... allen
andern, sind Ostersode von – 25. Wohnstellen
Teufelsmohr – 72
Hambergen – 72 —.
Vollersode – 30 —.
Walhöfen – 47 —,
Buschhausen – 26 —.
Freißenbüttel – 23 —.
Jennigbüttel – 25 —.
Neuendamm – 20 —,
Scharmbeckstotel – 52 —,
Westerbeck – 57 —.
Worpswede – 50 —.
Bergedorff – 28. —,
doch wohl nicht als kleine Dörfer anzugeben, sobald gleich in dieser Sache nicht auf große, oder kleine Dörfer, sondern auf die Anzahl der Einwohner ankommt, die wie in dem vorhergehenden angezogenen Bericht auf 6700. Seelen angegeben haben.
Alle diese Menschen ohne Unterschied, sie mögen Einlieger oder Grund-Besitzer, wohlhabend, oder unvermögend seyn, können das Brod-Korn, mithin die Mühlen nicht entbehren und es ist daher ein wahrer Unsinn, wenn von der

sondern diese ist ein surrogatum[140]) für die dagegen eingegangene Herrschaftliche Korn Wasser-Mühle auf der Loge.

ad N^ro. 9
Wenn das Vorgeben, als ob die Mühle zum Bredbeck wegen des geringen Wasser-Zuflußes täglich nur 8 bremer Viertel[141]) abmahlen könne, vor die gröbste Unwarheit erkläret wird, so ist es ein Glück daß dies von dem Amte nicht geschehen ist. Dieses hat in dem oft angezogenen Bericht blos angeführet, daß diese kleine Mühle täglich nicht mehr, als 4 bis 5 Stunden mahlen könne, und zu dieser Anführung haben wir im Fall der Noth unseren Gewährsmann, da dem Amte nicht angemuthet werden kann, dergleichen ganz besondere Umstände aus eigener Erfahrung zu wissen.
ad N^ro. 10
Wenn hier wiederum, wie bisher, auf eine ungesittete Art mit Unwarheits-Erklärungen um sich geworfen wird, so mögen die Protestanten solches gegen die Dorfschaften ausmachen, welche diese Thatsachen theils mündlich am 7ten October 1786 zu Protocoll, theils nachher durch die Berichts Beilagen B. und C. de propria scientia[142]) schriftlich bezeuget haben.
ad N^ro. 11
Es ist keinesweges eine Unwarheit, sondern in der strengsten Warheit gegründet, daß eine – und zwar Herrschaftliche Wasser-Mühle eingegangen, so daß für selbige keine andere Mühle in die Stelle gekommen, welche in dem Flecken Osterholtz, und zwar dichte hinter dem Amthause gelegen gewesen. Dies wissen alle Eingesessene zu Worpswede, deren Kirch- und Todten-Weg über die Mühlen-Brücke gegangen, so lange selbige vor Errichtung dieses neuen Kirchspiels zu Scharmbeck eingepfarret gewesen.
ad N^ro. 12.

---

140) surrogatum = Ersatz
141) 1 Bremer Viertel = 0,6 Himten = 12 kg Roggen
142) de propria scientia = vom Eigentum wissend

Der arnal Inhalt[143]) des Amts machet 4 Meilen aus, und die beide äußerste Amts-Dörfer Vollersode, und Scharnbeckstotel sind 2 Meilen von einander entfernet. Nur die Protestanten entsehen sich nicht, gegen diese offenkundige Warheit Euer Excellences und Hochwohlgebohren mit der Angabe hintergehen zu wollen, daß das Amt höchstens 1 Meile im Durchschnitt habe, lediglich in der Absicht, ihrer falschen Angabe, daß 11 Mühlen bereits vorhanden, einen Anstrich zu geben.

ad Nro. 13.

Die hieselbst von dem Amte Osterholtz gemachte Beschreibung ist ein offenbarer Beweis, daß es dem Schriftsteller nicht um Warheit, sondern lediglich um ein iedes Geschwätz zu thun gewesen, welches den von ihm vorgespiegelt werden wollenden totalen ruin der in dem Amte vorhandenen 11. Mühlen anschaulich machen können:

Denn ohne Osterholtz, und Scharnbeck, die sie allein ausmachen, sind

Ostersode	von - 25	Wohnstellen
Teufelsmoor	" - 72	"
Hambergen	" - 72	"
Vollersode	" - 30	"
Walhöfen	" - 47	"
Buschhausen	" - 26	"
Freißenbüttel	" - 23	"
Pennigbüttel	" - 25	"
Neuendamm	" - 20	"
Scharnbeckstotel	" - 52	"
Westerbeck	" - 57	"
Worpswede	" - 50	"
Bergedorff	" - 28	"

doch wohl nicht als kleine Dörfer anzugeben, ob es gleich in dieser Sache nicht auf große, oder kleine Dörfer - sondern auf die Anzahl der Einwohner ankomt, die wir in dem mehrmahlen angezogenen Bericht auf 700 Seelen angegeben haben.

Alle diese Menschen ohne Unterscheid, sie mögen Bauleute, oder Brinck-Köther[144]), wohlhabend, oder unvermögend seyn, können das Brod-Korn, mithin der Mühlen nicht entbehren, und es ist daher ein wahrer Unsinn, wenn von den letzteren behauptet wird - daß sie wenig - oder nichts zu mahlen haben.

ad Nro. 14.

Können wir die gebethene Erkennung einer Commission vor weiter nichts, als einen Beweis von der Wohlhabenheit der Protestanten ansehen, die gern unnütze Kosten verschwenden wollen, denn

ad a würde es völlig überflüssig seyn, das locale durch eine Commission untersuchen zu lassen, da ihnen solches durch die beigebrachte Hand-Zeichnung - Euer Excellences und Hochwohlgebohren aber durch die Topographische Charte vom Amte noch richtiger - und zuverläßiger bekandt.

ad b wenn das Amt die Anzahl der Mühlen officialiter[145]) bestimmet, so wird hoffentlich kein Commissarius sich beigehen lassen, die Warheit dieser offiziellen Angabe zu untersuchen, und noch überhin würde dieses Geschäfte unnütz seyn, da, wenn die von ihnen angegebene in anderen Aemtern gelegene Mühlen abgezogen werden, so denn die vom Amte angegebene 8 Mühlen übrig bleiben.

ad c Was der Schriftsteller mit Untersuchung der übrigen eingreifenden Umstände hat sagen wollen, verstehen wir nicht, vielleicht mag ihm selbst solches auch nicht bekandt seyn.

143) arnal Inhalt = der bestellte, beackerte, bewirtschaftete Inhalt

144) Brinck-Köther = Anbauer, die ihre Abgaben beim Amt bzw. Lehensherren ins Haus bringen müssen, Halbbauer, Hintersasse

145) officialiter = amtlich, beglaubigt, verbürgt

letzteren behauptet wird – daß sie wenig – oder nichts zu mahlen haben.

ad No. 14.

können wir die gebethene Ernennung einer Commission ferner weiter nicht, als einen Beweis von der Schiefheit der Protestanten ansehen, die gern unnütze Kosten verursachen wollen, denn

ad a würde es völlig überflüssig seyn, das locale durch eine Commission untersuchen zu lassen, da ihnen solches durch die beigebrachte Hand-Zeichnung = Euer Excellences und Hochwohlgebohren aber durch die topographische Charte vom Amte noch richtiger und zuverlässiger bekandt.

ad b. wenn das Amt die Anzahl der Mühlen officialiter bestimmet, so wird hoffentlich kein Commissarius sich beigehen lassen, die Wahrheit dieser offiziellen Angabe zu untersuchen, und noch überhin würde dieses Geschäfte unnütz seyn, da, wenn die von ihnen angegebene in anderen Ämtern gelegene Mühlen abgezogen werden, so denn die vom Amte angegebene 8. Mühlen übrig bleiben.

ad c Was der Schriftsteller mit Untersuchung der übrigen eingreifenden Umstände hat sagen wollen, verstehen wir nicht, vielleicht mag ihm selbst solches auch nicht bekandt seyn.

ad d. Die beiden Müller können als Kunstverständige die gute oder schlechte Einrichtung einer Mühle richtig beurtheilen, wenn es aber auf die Untersuchung der Frage über die Zu- oder Unzulässigkeit einer neuen Mühle ankomt, so heißet es mit Recht von ihnen: ne sutor cetra crepidam.

Die einzige Wahrheit, welche die Protestanten in ihrer Vorstellung angeführet, ist das Bekäntniß, daß ihnen kein ius prohibendi zustehe, weil in dem ganzen Amte zum Glück das Publikum kein bannum molendinarium hergebracht, und wir sind daher bei diesem Geständniß, daß ihnen kein ius contradicendi zustehe der ohnvorgreiflichen Meinung, daß das nachgesuchte inhibitorium als irrelevant zu erklären, und sie mit der gebethenen Anordnung einer Commission ab- und zur Ruhe zu verweisen.

Wir beharren in tiefstem Respect

Euer Excellences und Hochwohlgebohren

Osterholtz den 2ten Maij 1796.

unterthänig-gehorsamste Diener.

[illegible] [illegible]

ad d Die beiden Müller können als Kunstverständige die gute oder schlechte Einrichtung einer Mühle richtig beurtheilen, wenn es aber auf die Untersuchung der Frage über die Zu- oder Unzulässigkeit einer neuen Mühle ankomt, so heißet es mit Recht von ihnen: ne sutor cetra crepidam[146]).

Die einzige Warheit, welche die Protestanten in ihrer Vorstellung angeführet, ist das Bekenntnis, daß ihnen kein ius prohibendi[147]) zustehe, weil in dem ganzen Amte zum Glück das Publikum kein bannum molendinarium[148]) hergebracht, und wir sind daher bei diesem Geständnis, daß ihnen kein ius contradicendi[149]) zustehe der ehrerbietigen Meinung, daß das nachgesuchte inhibitorium[150]) als irrelevant[151]) zu erklären, und sie mit der erbethenen Anordnung einer Commission ab- und zur Ruhe zu verweisen.

Wir beharren in tiefsten Respect
Euer Excellences und Hochwohlgebohren

Osterholtz den 2ten May 1796

unterthänig-gehorsamste Diener
Scharff Meyer
(Amtmänner des Königlich Kurfürstlichen Amtes Osterholz)

Diese Ausführungen des Amtes Osterholz wurden von der königlichen Regierung in Stade gutgeheißen, womit sich nichts an dem bereits ein Jahr zuvor erteilten Bewilligungsschreiben an den Windmüller Kohlmann änderte:

Nachdem der Mohrvoigt Johann Hinrich Kohlmann und der Einwohner Carl Friedrich Bötjer zu Osterholz um die Erlaubniß, eine neue Windmühle in der dortigen Gegend, und namentlich bey Penningbüttel, anlegen zu dürfen, nachgesuchet haben, dieses auch nach erwogenen Umständen als dem gemeinen Besten der umliegenden Dorfschaften zuträglich, auch sonst unbedenklich befunden worden; so wird Namens Sr. Königl. Majestät und Churfürstl. Durchl. unsers allergnädigsten Herren solche Anlegung einer neuen Windmühle in gedachter Gegend den genanten beyden Supplicanten hiermit von uns verstattet, mithin die landesherrliche Concession dazu ertheilet; jedoch werden Supplicanten zugleich wegen Bestimmung der deswegen in die herrschaftlichen Domanial-Register[152]) zu bezahlenden Recognitionsgelder[153]) an die Königl. Cammer verwiesen, mit der fernere Bedeutung, daß sie, bevor solche Bestimmung nicht erfolget und ihnen darüber sodann ein gleichmäßiger Concessionsbrief von K. Cammer ertheilet seyn wird, zu dem Bau der neuen Mühle nicht zu schreiten haben.

Stade, den 18. May 1795
Tit. Regimin.[154])

---

146) ne sutor cetra crepidam = muß richtig heißen: ne sutor supra crepidam = Schuster bleib bei deinen Leisten (Apelles Zornruf, Plinius XXXV, 85)
147) ius prohibendi = abwehrendes Recht
148) bannum molendinarium = Mühlenbann
149) ius contradicendi = Widerspruchsrecht
150) inhibitorium = Verbot
151) irrelevant = unerheblich, unbedeutend, geringfügig
152) Domanium = Landesherrschaft, Domaine = land- und forstwirtschaftlich genutzter Grundbesitz des Staates
153) Recognitionsgelder = Pachtgelder
154) Tit. Regimin. = Tit. Regiminus = Namens der Regierung (Herrschers)

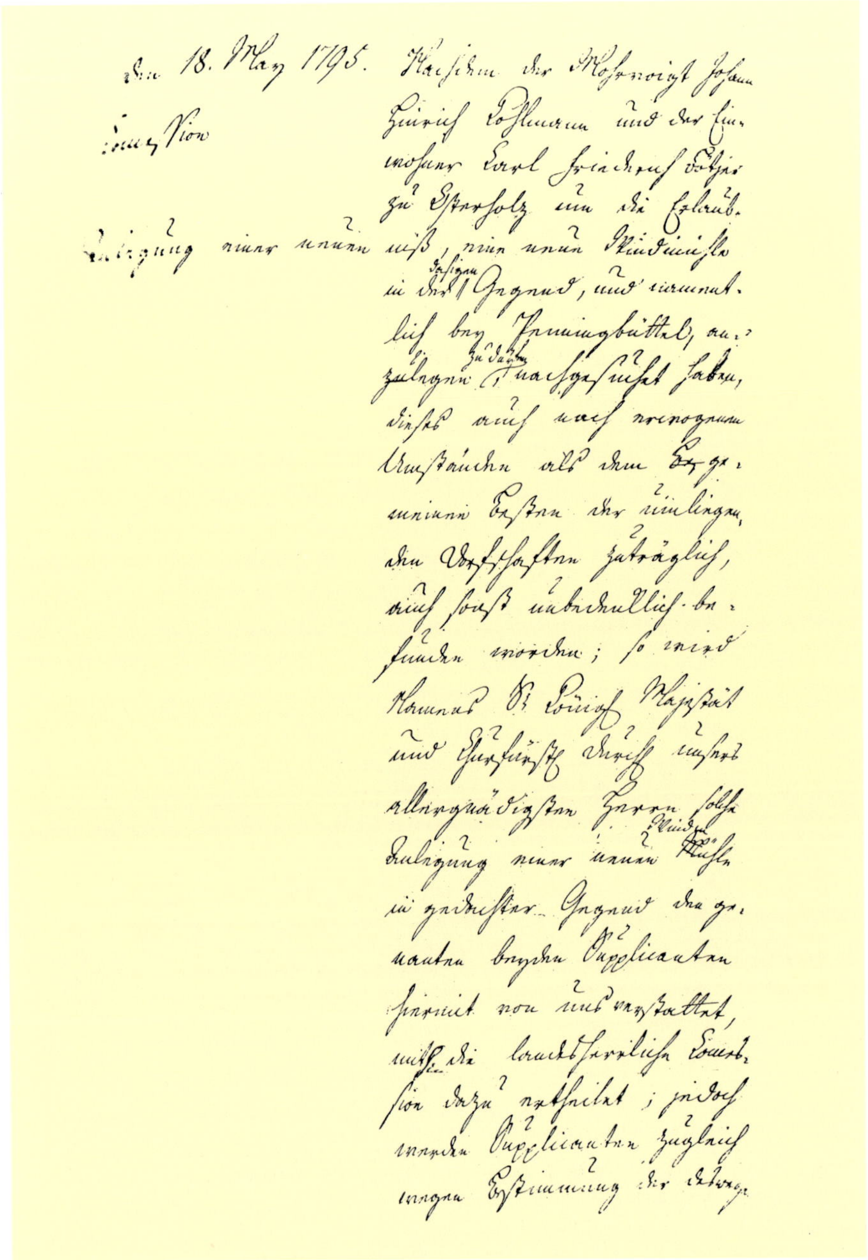

An
die Beamten zu Osterholz

Da wir dem Mohrvoigt Kohlmann und dem Einwohner Carl Friedrich Bötjer zu Osterholz die von ihnen schon vor einigen Jahren nachgesuchte Erlaubniß, in der datigen Gegend, und namentlich bey Penningbüttel, eine neue Windmühle anlegen zu dürfen nach nunmehro bey uns eingegangener Erklärung der Königl. Cammer ertheilet haben; so communiciren wir Euch den ihnen darüber zugestellten Comessionsbrief in Abschrift zu Eurer Nachricht hierneben und sind E.[155])

Stade, den 18. May 1795
Tit. Reginin.[156])

Weizengang der Windmühle Myhle ▷

155) E. = Eure
156) Tit. Regimin. = Tit. Regiminus = Namens der Regierung (Herrschers)

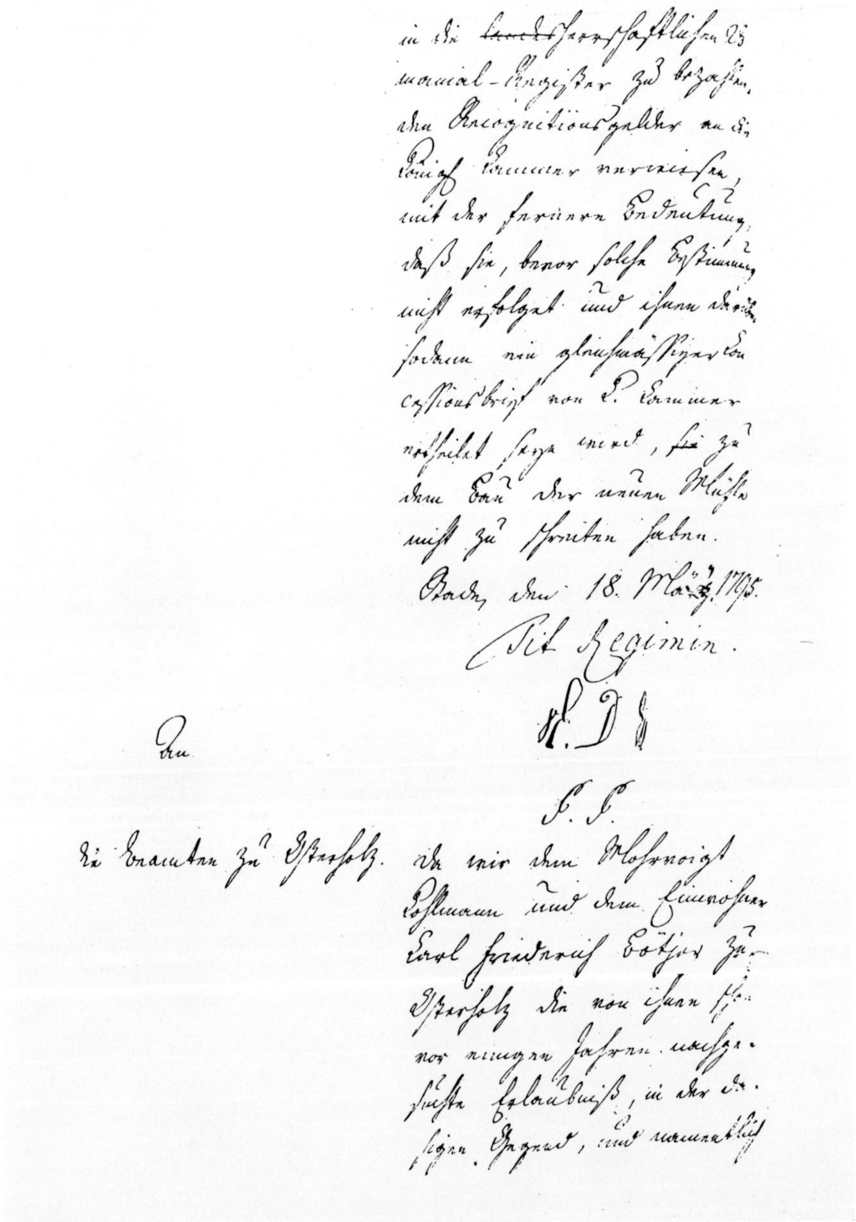

in die ~~land~~herrschaftlichen Do-
manial-Register zu bezahlen,
den Recognitionsgelder an die
Königl. Cammer verweisen
mit der ferneren Bedeutung,
daß sie, bevor solche Bestimmung
nicht erfolget und ihnen darü-
ber ein gleichmäßiger Con-
cessionsbrief von K. Cammer
ertheilet seyn wird, sie zu
dem Bau der neuen Mühle
nicht zu schreiten haben.

Stade den 18. März 1795.

Königl. Regierung.

v. D.

An

die Beamten zu Osterholz.

P. S.

Da wir dem Mühlenvoigt
Pottmann und dem Einwohner
Carl Friedrich Vötjer zu
Osterholz die von ihnen schon
vor einigen Jahren nachge-
suchte Erlaubniß, in der dor-
tigen Gegend, und namentlich

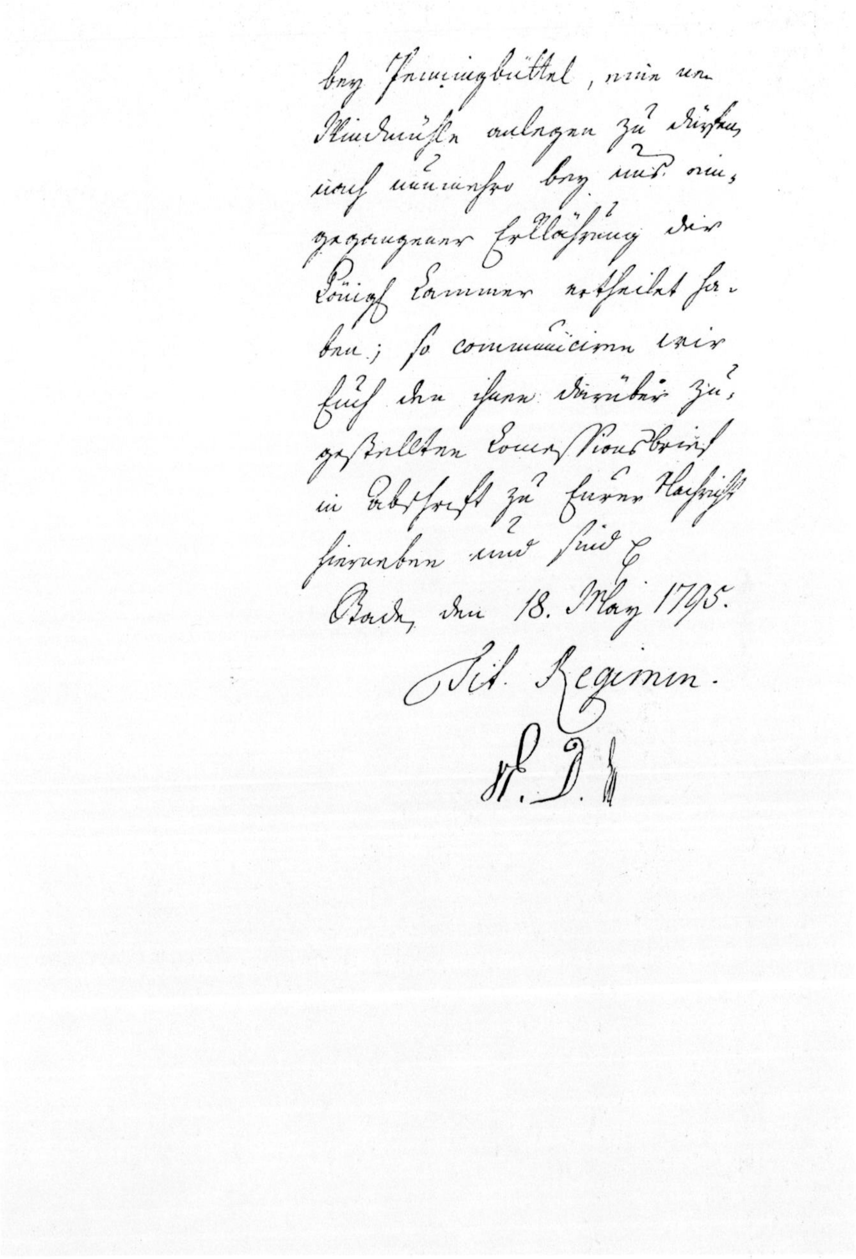

bey Penningbüttel, eine neue
Windmühle anlegen zu dürfen,
nach nunmehr bey uns ein-
gegangener Erklärung der
Königl. Cammer ertheilet ha-
ben; so communiciren wir
Euch den ihnen darüber zu-
gestellten Concessionsbrief
in Abschrift zur Nachricht
hierneben und sind etc.

Stade den 18. May 1795.

Königl. Regierung.

v. D.

WINDMÜHLE LÜBBERSTEDT

Der griese Graue heißt die Windmühle in Lübberstedt.
Sie wurde 1872[157]) von Julius Bullwinkel direkt an der Dorfstraße erbaut. Um eine Galerie zu sparen, wurde an dem Durchfahrtsholländer ein massiver Erd- und Steinwall für einen Umgang aufgeschichtet. So konnte die Mühle von hier aus mit dem Steert jeweils in den Wind gedreht werden.
Später wurde dieser Gang dann allerdings überflüssig, als die Familie Bullwinkel mit der Zeit gehend den Steert durch eine Windrose ersetzen ließ, die damit den Kopf automatisch in der richtigen Windrichtung hielt. Glücklich gelöst war der An- und Abtransport des Getreides. Er konnte stets im Trockenen in der Durchfahrt unterhalb des Mahlwerkes vom Wagen durch den Sackaufzug oder eine Rutsche durchgeführt werden.
Eine weitere Eigenart dieser Mühle ist die Verkleidung des Mühlenrumpfes und -kopfes mit Eichenschindeln. Allein für den Kopf wurden 1966 bei der Renovierung über 5000 Schindeln genagelt. Durch die Verwendung dieses heimischen Materials entstand der Name „Der griese Graue".
Die Mühle ist heute noch auf Wirtschaftlichkeit aus und trägt daher ein schlichtes Kleid.
Möge die Familie Bullwinkel vor Katastrophen, wie 1909, als die Mühle abbrannte, verschont bleiben und ihr die Kraft und die Freude erhalten bleiben, mit und an diesem Bauwerk zu arbeiten.

157) W. Kleeberg, Niedersächsische Mühlengeschichte, 1964

WINDMÜHLE WALLHÖFEN

Die Windmühle Wallhöfen wurde im Jahre 1880[158]) als doppelstöckiger Durchfahrtsholländer mit Galerie und Steert gebaut. Sie war besonders stabil, wie für ewige Zeiten ganz in Ziegelstein gebaut, lediglich die Mühlenkappe war aus Holz.

Trotzdem machte der Verfall nicht vor ihr halt.

Christian Gerken mahlte hier noch bis kurz nach dem ersten Weltkrieg mit Wind. Bis dahin hieß es noch im Volksmund, wenn Korn zur Mühle gebracht werden sollte: „No'r Volöbener Möhlen to".

Dann aber stand sie still, bald ohne Haube mit nur noch einem Flügel. Es war gefährlich, bei Sturm in ihre Nähe zu kommen, da oftmals Mühlenteile herumwirbelten. Birken wuchsen im Mauerwerk und der mächtige Umlauf fiel in sich zusammen.

Heute ist der Rumpf ausgebessert und neu verputzt. Das Mühleninnere wurde von den Resten der Mahlwerke gesäubert, der Umlauf größtenteils neu gebaut und das ganze Bauwerk als Wohnung hergerichtet.

Ob eines Tages auch wieder das Flügelwerk das äußere Bild vervollständigen wird, mag die Zeit erweisen.

Da die Mühle auf der Anhöhe am Geestrand erbaut wurde, geht von hier der Blick weit ins Teufelsmoor; für die Bewohner eine wahrhaft einmalige Aussicht.

Blick auf die Wallhöfener Windmühle ▷

---

158) W. Kleeberg, Niedersächsische Mühlengeschichte, 1964

WINDMÜHLE OSTERSODE

Als im Jahre 1852[159]) die Ostersoder Windmühle mitten in der Hammeniederung - mit Wind von allen Seiten - gebaut wurde, waren die Baumeister sicherlich davon überzeugt, hier ein Bauwerk für lange, lange Zeit geschaffen zu haben.
Sie hatten alle Sorgfalt wegen der besonderen Standortrisiken in Solidität gelegt, breit angelegte Mauern errichtet und kräftiges gesundes Holz verwendet.
So entstand ein hoher doppelstöckiger Galerieholländer mit Steert und zwei Mahlwerken.
Wind trieb bis 1930 die Mahlsteine an, um dann erst einer Dampfmaschine und später einem Elektromotor zu weichen.

Aber auch Dampfmaschine und Elektromotor konnten das Mühlensterben nicht aufhalten. Bald stand die Ostersoder Windmühle nur noch als Ruine in der Landschaft, ein trauriges Zeichen unserer Zivilisation.
Nach langen Überlegungen kam 1976 der dankenswerte Beschluß des Besitzers Masbruch, die Mühle dem Landkreis in Erbpacht zu geben, der sie nunmehr in der alten Art wiederherstellen läßt.
Aber der äußere Verfall ist groß. Der Landkreis muß eine neue Eichenholzgalerie, eine neue Rumpf- und Kopfeindeckung mit Reith vornehmen und das ganze Flügelwerk auswechseln.
Eine kostspielige und mühselige Arbeit, die heute nicht jeder mehr durchführen kann.
In Zukunft wird hier aber wieder ein Wahrzeichen der Hammelandschaft stehen, von dem der Blick weit über das Teufelsmoor bis zum Weyerberg, der Osterholzer Geest oder Karlshöfen geht.

---

159) W. Kleeberg, Niedersächsische Mühlengeschichte, 1964

WINDMÜHLE WORPSWEDE

Bereits im Jahr 1700 wurde in Worpswede eine Mühle[160]) erbaut. Nach W. Kleeberg[161]) soll es sich hierbei um eine Bockwindmühle gehandelt haben. Sie wurde nach einem Bericht des Amtes Osterholz vom 30. September 1836 von Jobst Segelke erbaut, der eine jährliche Abgabe von 12 Rthl. zu zahlen hatte.
Bereits 1723 mußte er diese Mühle, die nur einen Mahlgang besaß, an 4 Hausleute verkaufen, die sie 1737 dem Amt zum Meierrecht antrugen und nunmehr einen Canon[162]) von 16 Rthl. zu zahlen hatten.
Die Mühle war jetzt meierrechtlich an das Krongut Worpswede angeschlossen. Dieses Krongut wurde vom Landgrafen von Eschwege gegründet und aufgebaut. Er hatte nach Abschluß des Westfälischen Friedens im Jahre 1648 die Klöster Osterholz und Lilienthal als schwedisches Lehen erhalten. Für seine Residenz in Osterholz gründete er in Worpswede 1654 einen Sommersitz. Hieran erinnern heute nur noch Gemälde aus der ersten Worpsweder Malergeneration, wurde doch der Sommersitz bereits 1670 wieder aufgegeben.

An
Königliche Großbritannisch Hannoversche Landdrostey zu Stade

Bericht des Amts Osterholz vom 30. Septbr. 1836 das Gesuch des Gevert Steil zu Worpswede wegen Neubau und Vergrößerung seiner daselbst belegenen Windmühle durch einen Waitzen und Graupengang betreffend. Die vom Krongute meierrechtlich relevirende[163]) Kornmühle des Gevert Steil in Worpswede ist 1700 von Jobst Segelke gegen Übernahme einer jährlichen Abgabe von 12 Rth. neu erbaut.

---

160) Niedersächsisches Staatsarchiv Stade Rep. 80 G 70 a
161) W. Kleeberg, Niedersächsische Mühlengeschichte, 1964
162) Canon = wiederkehrende Zahlung
163) relevirende = herkommende, abstammende

STEMPELTAXE 2 GUTE GROSCHEN

An
Königliche Großbritannisch Hannoversche
Landdrostey zu Stade

Bericht
des Amts Osterholz
vom 30. Septbr. 1836.

das Gesuch des Gerart Steil zu Worps-
wede wegen Neubau und Vergrößerung
seiner daselbst belegenen Windmühle
durch einen Weizen und Graupengang

betreffend

Die vom Krongute meierrecht-
lich relevirende Kornmühle des Gerart

Steil in Worpswede ist 1700 von Jobst
Segelke gegen Übernahme einer jährlichen
Abgabe von 12 rt. neu erbaut.

Der Erbauer ward durch seine Creditoren
schon 1723 gezwungen, dieselbe an 4 Haus-
leute zu verkaufen. Diese trugen sie nach
Acquisition dem Amte 1737 zu Meierrecht
an und übernehmen einen jährlichen Canon
von 10 rt. und gleichen Weinkauf. Der
Supplicant ist nun seit 1820 mit der
ganzen Mühle bemeiert, nachdem er als
Miteintretender die übrigen Interessenten
mit Gelde abgefunden hatte. Dadurch
daß die Mühle das Eigenthum eines
Einzelnen geworden, hat der Werth der-
selben unstreitig gewonnen, besonders
wenn sie niemals schuldfrei werden
sollte. Zu der Zeit, wo sie dieß nicht
ist, wo auch in dem Grunde nun ein Neu-
bau bevorsteht, ist die bedeutende Aus-

geben

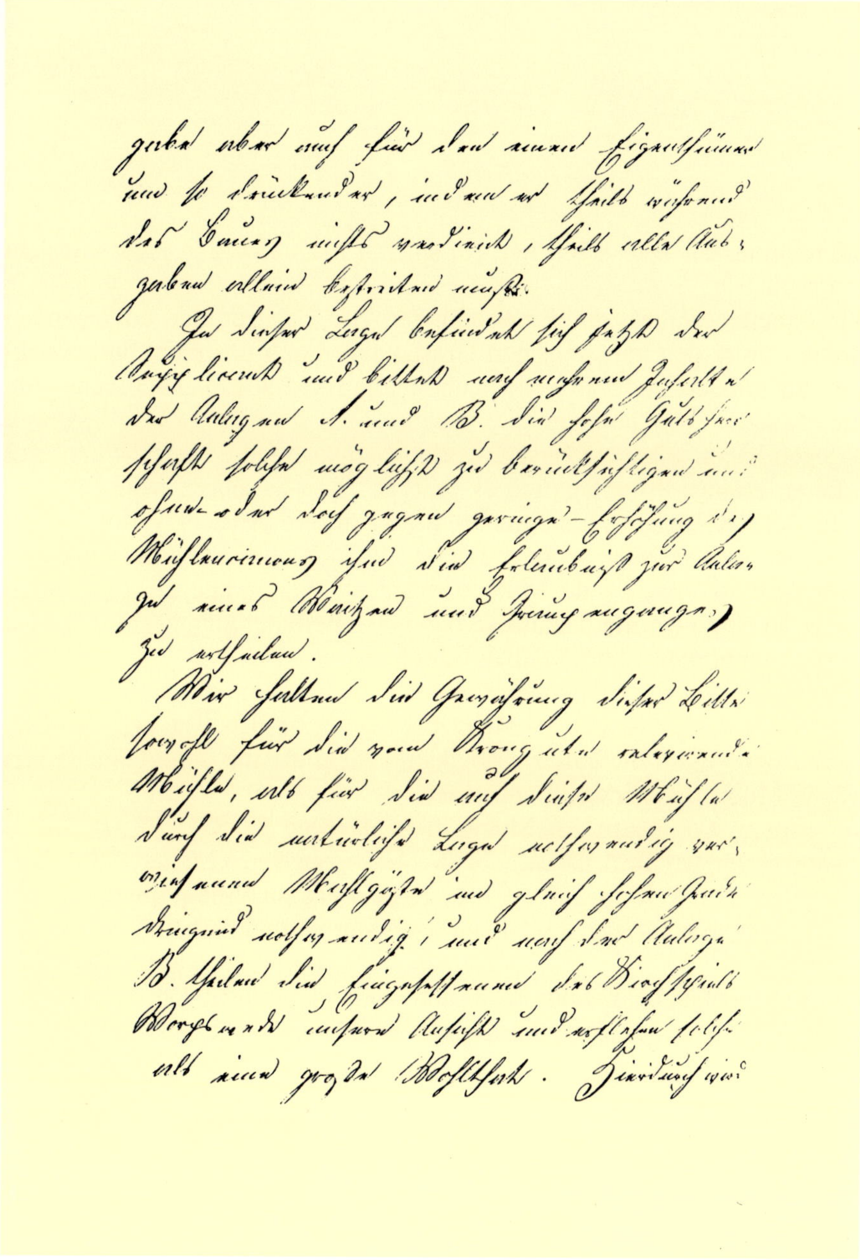

Der Erbauer ward durch seine Creditoren schon 1723 gezwungen, dieselbe an 4 Hausleute zu verkaufen. Diese trugen die neue Acquisition[164]) dem Amte 1737 zu Meierrecht an und übernahmen einen jährlichen Canon[165]) von 16 Rth. und gleichen Weinkauf[166]). Der Supplicant ist nun seit 1820 mit der ganzen Mühle bemeiert, nachdem er als Mitinteressent die übrigen Interessenten mit Gelde abgefunden hatte. Dadurch daß die Mühle das Eigenthum eines Einzelnen geworden, hat der Werth derselben unstreitig gewonnen, besonders wenn sie einmal schuldenfrei werden sollte. Zu der Zeit, wo sie dieß nicht ist, wo ohnehin von Grund aus ein Neubau bevorsteht, ist die bedeutende Ausgabe aber auch für den einen Eigenthümer um so drückender, indem er theils während des Baues nichts verdient, theils alle Ausgaben allein bestreiten muß.

In dieser Lage befindet sich jetzt der Supplicant und bittet nach mehrem Inhalte der Anlagen A. und B. die hohe Gutsherrschaft solche möglichst zu berücksichtigen und ohne - oder doch gegen geringe - Erhöhung des Mühlencanons ihm die Erlaubniß zur Anlage eines Waitzen und Graupenganges zu ertheilen.

Wir halten die Gewährung dieser Bitte sowohl für die vom Krongute relevirende[167]) Mühle, als für die auf dieser Mühle durch die natürliche Lage nothwendig verwiesenen Mahlgäste in gleich hohen Zwecke dringend nothwendig, und nach der Anlage B. theilen die Eingesessenen des Kirch-

164) Acquisition = Empfangene, Besitz

165) Canon = wiederkehrende Zahlung

166) Weinkauf = Auch Handgeld (Handlohn) genannt. Zum Abschluß und zur Bestärkung eines Vertrages wurde ursprünglich ein Wein getrunken. Späterhin umfaßte er die Ausgabe für Wein und Bier, die für die Vertragschließenden und deren Zeugen verausgabt wurden. Bei der Verleihung von Nutzungsrechten ist der sogenannte Weinkauf mit der Höhe eines Zinsgeldes (Pacht) als eine sozusagene einmalige Abschlußgebühr angesprochen.

167) relevirende = herkommende, abstammende

spiels Worpswede unsere Ansicht und erflehen solche als eine große Wohlthat. Hierdurch wird den Besitzern nahe liegender Mühlen kein Grund zur gerechten Beschwerde gegeben, indem sie ohne Ausnahme einen bedeutenden Theil der früheren Mahlgäste der Worpsweder Mühle an sich gerissen haben, indem alle später erbaut und mindestens jede mit einem Waitzengange und einem Graupengange versehen ist. Dagegen würde es im hohen Grade unbillig sein, dieser ältesten Mühle die Anlage der Gänge zu verweigern, welche den neuen, zu ihrem Schaden erbauten gestattet worden, um so mehr, als die Mahlgäste der alten Mühle selbst Waitzen und Gerste bauen und diese Früchte selbst verzehren.

Es läßt sich wohl annehmen, daß der der Lage nach auf die Worpsweder Mühle verwiesene Mahlgast, wenn er, um seinen Waitzen und Gerste mahlen zu lassen, den umständlichen, kostspieligen und oft lebensgefährlichen Weg zu den benachbarten mit Waitzen und Graupengängen versehenen Mühlen machen muß, diesen letztern oft auch Rocken bringt um nur bei der weiten Entfernung schnell expedirt[168]) zu werden und somit hat die Worpsweder Mühle doppelten Verlust, der ihr gehörige Mahlgast mehre Umstände.

Nach der Adolphsdorfer Mühle, welche ohnehin dem ersten Plane zuwider, statt 2 Stunden von Worpswede, zum Nachtheil der in Rede stehenden Mühle, nur eine Stunde von ihr entfernt gebaut sein soll, sind die Wege oft unergründlich.

Nach der Steffenschen Mühle zu Heidkamp müssen die Leute mindestens 1 1/2 Stunde zu Schiffe fahren und es liegt am Tage, wie nachtheilig dem Landmanne, der kein Schiff hat, ein solcher Mühlenweg in jeder Hinsicht sein muß.

Wir haben geglaubt, die Einwendungen der Besitzer der umliegenden Mühlen unter den vorgetragenen Umständen durch uns nicht berücksichtigen zu müssen und haben deßhalb solche nicht ausdrücklich veranlaßt, ihre etwaigen Protestationen zu erheben.

Dagegen haben wir nicht versäumt, den Supplicanten zu verpflichten, daß er deren etwaige Protestationen ex propriis[169]) zu beseitigen habe.

Sollte nun Königliche Landdrostey gegen unsere Ansicht verfügen, daß vorab die in der Nähe wohnenden Müller mit etwaigen Einwendungen gegen die zu erweiternde Mühlenanlage in Worpswede zu vernehmen wären, so bitten wir um deßfallsige Befehle, indem der Supplicant gern bald seine Einrichtungen zum Neubau treffen will.

Hinsichtlich des zu erhöhenden Canons[170]) bemerken wir, daß der Supplicant[171]) gerade die Summe als Meierzins bezahlt, 18 Rth.[172]) 6 ggr.[173]) 4 Pfg., welche der Müller Steffens zu Heidkamp für seine mit allen Gängen versehene Mühle als Windgeld entrichtet.

Der Müller Kohlmann zur Myhle giebt dagegen 22 Rth. 20 ggr. 2 Pfg. Windgeld und hat für Anlage der beiden Graupengänge 1 Malter[174]) Rocken, bei Anlage des Waitzenganges 5 Rth. 2 ggr. 4 Pfg. außerdem übernommen. Beide Mühlen sind aber ihrer Lage nach viel vortheilhafter situirt, als die Steilsche.

Ob nun Königliche Landdrostey unter den berichteten Umständen den Meierzins wegen der Vergrößerung der Mühle gar nicht, auf 20 Rth. oder

168) expedirt = abgefertigt, befördern

169) ex propriis = aus eigenem Anlaß = Expropriation = Enteignung
170) Canon = wiederkehrende Zahlung
171) Supplicant = Bittsteller
172) Rth. = Reichsthaler
173) ggr. = Gute Groschen
174) Malter = 6 Himten = 120 kg Roggen

den Besitzern nahe liegender Mühlen kein Grund zur gerechten Beschwerde gegeben, indem sie ohne Abnehmen einen bedeutenden, den Theil der frühern Mahlgäste der Vorgewerker Mühle an sich gerissen haben, indem alle Güter erbaut und *mindestens* jede mit einem Weitzengange und einem Graupengange versehen ist. Dagegen würde es im hohen Grade unbillig sein, dieser ältesten Mühle die Anlage der Gänge zu verweigern welche den neuen, zu ihrem Schaden erbauten gestattet worden, und so mehr, als die Mahlgäste der alten Mühle selbst Weitzen und Gerste bauen und diese Früchte selbst verzehren.

Es läßt sich wohl annehmen, daß der der Lage nach auf die Vorgewerker Mühle verwiesene Mahlgast, wenn er, um seinen Weitzen und Gerste mahlen zu lassen, den umständlichen, kostspieligen und oft lebensgefährlichen Weg zu den benachbarten

mit

mit Weitzen und Graupengängen versehenen Mühlen machen muß, diesen letztern oft auch Rocken bringt, und nur bei der weitern Entfernung schnell expedirt zu werden und somit hat die Vorgewerker Mühle doppelten Verlust; der ihr gehörige Mahlgast mehr Umstände.

Nach der Adolphsdorfer Mühle, welche ihnen, die dem ersten Plane zuwider, statt 2 Stunden, den von Vorgewerk, zum Nachtheil der in Rede stehenden Mühle, nur eine Stunde von ihr entfernt gebaut sein soll, sind die Wege oft unergründlich.

Nach der Steffenschen Mühle zu Haidelang müssen die Leute mindestens 1½ Stunden zu Schiffe fahren und es liegt am Tage, wie nachtheilig dem Landmanne, der kein Schiff hat, ein solcher Mühlenweg in jeder Hinsicht sein muß.

Wir haben geglaubt, die Einwendungen der Besitzer der umliegenden Mühlen

und

unter den vorgetragenen Umständen durchaus nicht berücksichtigen zu müssen und haben deshalb solche nicht ausdrücklich veranlaßt, ihre etwaigen Protestationen zu erheben.

Dagegen haben wir nicht versäumt, den Supplicanten zu verpflichten, daß er deren etwaige Protestationen ex propriis zu beseitigen habe.

Sollte eine Königliche Landdrostei gegen unsere Ansicht verfügen, daß derselbe die in der Nähe wohnenden Müller mit etwaigen Einwendungen gegen die zu erweiternde Mühlenanlage in Verzug werde zu vernehmen seyn, so bitten wir um desfallsige Anfrage, indem der Supplicant gern bald seine Einrichtungen zum Neubau treffen will.

Rücksichtlich des zu erhebenden Canons bemerken wir, daß der Supplicant gerade die Summe als Weinzins

b.

bezahlt, 18 rthl 6 ggr 6 pf, welche der Müller Steffens zu Haidburg für seine mit allen Gängen versehene Mühle als Windgeld entrichtet.

Der Müller Kohlmann zur Mühle giebt dagegen 22 rthl 20 ggr 2 pf Windgeld und hat für Anlage der beiden Graupengänge Wal-ter Kosten, bei Anlage des Weizenganges 5 rthl 3 ggr 4 pf außerdem übernommen. Beide Mühlen sind aber ihrer Lage nach viel vortheilhafter situirt, als die Stellhofe.

Ob eine Königliche Landdrostei unter den berichteten Umständen den Weinzins wegen der Vergrößerung der Mühle gar nicht, auf 20 rthl oder bis zu welcher Summe zu erhöhen angemessen findet, überlassen wir hohem Entschlußnahme ehrerbietigst gehorsamst.

Wasserd Grüben

bis zu welcher Summe zu erhöhen angemessen findet, überlassen wir höherer Beschlußnahme ehrerbietigst gehorsamst.

v. Gruben

1820 war dann Gevert Steil[175]) allein mit der Mühle bemeiert, der aber auch noch stark an einer Überschuldung zu leiden hatte. Die Mühle hatte mit nur einem Mahlgang nach dem Aufbau anderer Windmühlen in der näheren und weiteren Umgebung keine wirtschaftliche Chance mehr. Deswegen war es nicht verwunderlich, daß Gevert Steil bereits 1836 einen Antrag auf den Neubau für 4000 Rth. und die gleichzeitige Erweiterung der Konzession um einen Weitzen- und Graupengang stellte.

Diese Konzession erhielt er 1837

Des Allerdurchlauchtigsten, großmächtigsten Fürsten und Herren, Herrn Wilhelm des Vierten, Königs des vereinigten Reichs Großbritannien und Irland, auch Königs von Hannover, Herzogs zu Braunschweig und Lüneburg pp.[176]).

Wir Seiner Königlichen Majestät zu Allerhöchst Dero Landdrostei Stade verordnete Geheime Rath und Regierungs Räthe[177]) erkunden und bekennen hiemit, daß Wir auf Ansuchen des Müllers Gevert Steil zu Worpswede demselben zum Anlegen und Betriebe eines Waitzen- und Graupen Ganges in der Windmühle zu Worpswede, die Concession hiemit dergestalt ertheilen, daß er sich solcher Mahlgänge ungehindert bedienen und

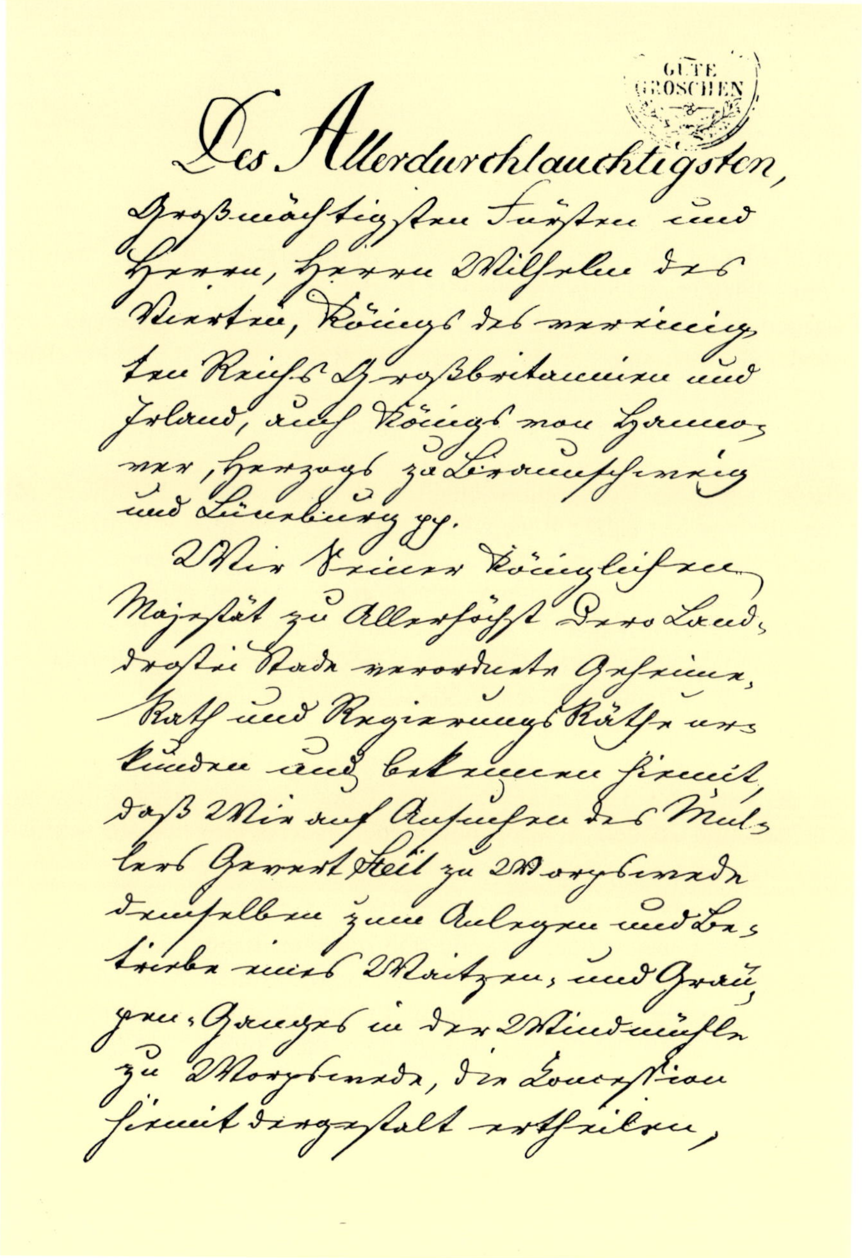
GUTE GROSCHEN

Des Allerdurchlauchtigsten,
Großmächtigsten Fürsten und
Herren, Herrn Wilhelm des
Vierten, Königs des vereinig-
ten Reichs Großbritannien und
Irland, auch Königs von Hanno-
ver, Herzogs zu Braunschweig
und Lüneburg pp.
Wir Seiner Königlichen
Majestät zu Allerhöchst Dero Land-
drostei Stade verordnete Geheime,
Rath und Regierungs Räthe er-
kunden und bekennen hiemit,
daß Wir auf Ansuchen des Mül-
lers Gevert Steil zu Worpswede
demselben zum Anlegen und Be-
triebe eines Waitzen- und Grau-
pen-Ganges in der Windmühle
zu Worpswede, die Concession
hiemit dergestalt ertheilen,

175) Niedersächsisches Staatsarchiv Stade Rep. 80 G 270/9

176) pp. = praemissis praemittendis = unter Vorausschickung des gebührenden Titels

177) Geheime Rath und Regierungs Räthe = Die Stader Landdrostei wurde von 2 Regierungsräten geleitet, wobei 1 Regierungsrat aus den heimischen Ständen kommen mußte und 1 Regierungsrat dem geheimen Ratskollegium Hannover angehörte (geheimer Rat = dem Minister gleichgestellt)

sich überhaupt allen und jeden Nutzen damit verschaffen möge, welchen er ohne Beeinträchtigung bestehender Rechte sich damit verschaffen kann. Dagegen aber verspricht der Müller Steil jährlich, zum erstenmale nach erfolgter Einrichtung der Mahlgänge die Recognition[178]) = Drei Rthl. 17 ggr. 6 Pfg. Landes Münze = am 1. Mai eines jedes Jahres an die Rentei zu Osterholz zu entrichten, auch daran eine Remission[179]) überall nicht zu verlangen.

Wie jedoch diese Recognition lediglich die neue Anlage betrifft, so soll auch die hier bemeldete Recognition aufhören, sobald der Waitzen- und Graupengang in der Windmühle zu Worpswede völlig wiederum eingegangen, und, daß solches geschehen, gehörig nachgewiesen sein wird.

Uebrigens unterwirft sich der Concessionat den bestehenden oder noch zu erlassenden Mühlen-Polizei-Ordnungen, und muß er sich gefallen lassen, daß im Fall ordnungswidrigen Verhaltens nach Gutbefinden diese Concession wiederum eingezogen werde.

Urkundlich ist diese Concession unter dem Königlichen Landdrostei Siegel und der gewöhnlichen Unterschrift dem Concessionate gegen seinen ausgestellten und zu den Acten genommenen Revers eingehändigt worden.

Stade, den 20ten Janr. 1837.

Und ich der Concessionat urkunde und bekenne hiemit, daß ich vorbeschriebene Concession also beliebt und angenommen habe, verpflichte mich auch hiemit, für mich und meine Erben, bei wirklicher Verpfändung aller meiner Haabe und Güter, daß ich dem allen, möge diese Concession

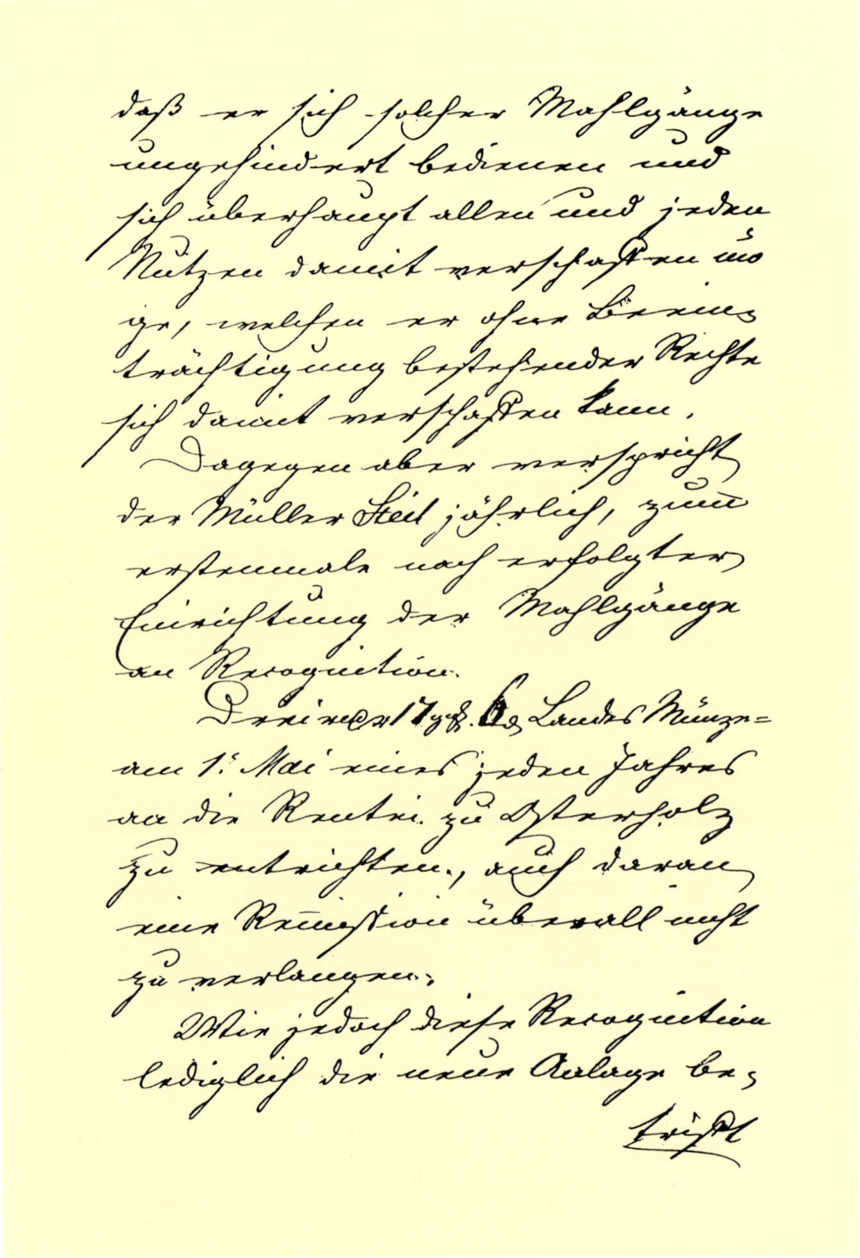
daß er sich solcher Mahlgänge
ungehindert bedienen und
sich überhaupt allen und jeden
Nutzen damit verschaffen mö-
ge, welchen er ohne Beein-
trächtigung bestehender Rechte
sich damit verschaffen kann.
Dagegen aber verspricht
der Müller Steil jährlich, zum
erstenmale nach erfolgter
Einrichtung der Mahlgänge
die Recognition.
Drei Rthl. 17 ggr. 6 Pf. Landes Münze
am 1. Mai eines jeden Jahres
an die Rentei zu Osterholz
zu entrichten, auch daran
eine Remission überall nicht
zu verlangen.
Wie jedoch diese Recognition
lediglich die neue Anlage be-
trifft

178) Recognition = Pacht, Anerkennung
179) Remission = Rückforderung, Rücksendung, Vermittlung

trifft, so soll auch die hier bemel-
dete Requisition aufhören, sobald
der Waitzen- und Graupengang
in der Windmühle zu Worps-
wede völlig wiederum ein-
gegangen, und, daß solches ge-
schehen, gehörig nachgewiesen
sein wird.

Uebrigens unterwirft sich
der Concessionair den bestehen-
den oder noch zu erlassenden
Mühlen-Polizei-Ordnungen
und muß er sich gefallen las-
sen, daß im Fall ordnungswi-
drigen Verhaltens nach Befin-
den diese Concession wiederum
eingezogen werde.

Urkundlich ist diese Concession
unter dem Königlichen Landdrostei-
Siegel und der gewöhnlichen
Unterschrift dem Concessionair gegen
seinen ausgestellten und zu den Acten
genommenen Revers eingehändigt
worden.

Stade, den 20t Janr 1837.

Und ich der Concessionair urkunde und beken-
ne hiemit, daß ich vorbeschriebene Concession
also beliebt und angenommen habe, verpflichte
mich auch hiemit, für mich und meine Erben,
bei wirklicher Verpfändung aller meiner
Haabe und Güter, daß ich dem allen, wozu
diese Concession mich verbindet, ehrlich und
getreulich nachkommen und derselben eine
völlige Genüge leisten will.

Urkundlich habe ich diesen Revers gehörig
vollzogen, von mir gestellt.

Geschehen Osterholz den 31 Januar 1837

Gerhard Keil.

Vorstehenden Revers hat der Windmüller
Gerhard Keil vor unterzeichnetem hiesigen
Amte eigenhändig vollzogen und wird dies
bescheinigt vom

Königlichen Amte. Osterholz, den 31 Januar 1837

Struben

mich verbindet, ehrlich und getreulich nachkommen und derselben ein völliges Genüge leisten will.
Urkundlich habe ich diesen Revers gehörig vollzogen, von mir gestellt.
So geschehen Osterholz den 31 Januar 1837
Gevert Steil
Vorstehenden Revers hat der Windmüller Gevert Steil aus Worpswede heute bey Amte eigenhändig vollzogen und wird dieß bescheinigt vom Königlichen Amte. Osterholz, den 31. Januar 1837

v. Gruben

Ein Neubau wurde dann 1838 erstellt. Die schöne Inschrift der Mühle berichtet davon.
Diese Mühle wurde nun mehrfach generalüberholt, so 1936 und 1959. Bis 1956 hatte die Mühle noch einen Steert, der bei der nächsten Überholung abgebaut worden sein muß, um nunmehr mit einer Windrose moderner zu arbeiten. Die vielen Generalüberholungen – vielfach durch Spenden getragen – fallen bei der Worpsweder Mühle auf. Die wirtschaftliche Situation bei einem relativ geringen Ackerbaubereich im Umland muß für jeden Müller nicht gerade goldene Früchte abgeworfen haben.
Heute steht die Mühle im schmucken Kleid eines Erdholländers mit weiß gestrichenem Rumpf und weiß/rotem Flügelwerk vor einem mit Schieferplatten gedeckten Mühlenkopf als einer der Worpsweder Wahrzeichen am Ortsrand des Künstler- und Ferienortes.

Mühlen-Hof Worpswede ▷

REGISTER

BILDVERZEICHNIS

LITERATURVERZEICHNIS

Herzog-August-Bibliothek,
Braunschweig, Homeyer, Sachsenspiegel 1835

G. Büchmann,
Geflügelte Worte 1972

Dr. Capelle,
Johannis Rode 1500, Registrum bonorum, 1926

Franz Engel,
Tabellen alter Maße, Gewichte und Münzen im „Methodischen Handbuch für Heimatforschung in Niedersachsen", 1965

Glauner,
Die Historische Entwicklung der Müllerei, 1939/51

W. v. Hodenberg,
Das Vörder-Register, 1856

Helmut Jäger,
Methodisches Handbuch für Heimatforschung in Niedersachsen, 1965

Wilhelm Jesse,
Münz- und Geldgeschichte im „Methodischen Handbuch für Heimatforschung in Niedersachsen", 1965

Kleeberg,
Niedersächsische Mühlengeschichte, 1964

Kobbe,
Geschichte und Landbeschreibung der Herzogtümer Bremen und Verden, 1824

Landkreis Osterholz,
Mühlenstr. und Handschriften

Meyenburger Hausbuch und Gutsarchiv

Mushard,
Denkmal der uralten berühmten hochadligen Geschlechter im Herzogtum Bremen und Verden, 1708

Niedersächsisches Staatsarchiv Stade

Joh. Segelken,
Osterholz-Scharmbecker Heimatbuch, 1938

Dr. H. Strunk,
Quellenbuch zur Geschichte des alten Erzstifts Bremen und Niedersachsen, 1911

Universitätsbibliothek Bremen,
Diözese Bremen 788, Handschriften und Bremensien

K. Wöbken,
Deiche und Sturmfluten an der Nordseeküste, 1924

 Herausgegeben vom Landkreis Osterholz in Zusammenarbeit mit dem Fremdenverkehrsverband Nordsee. Gestaltung: Fritz Meyer-Roland, Bremen. Satz und Druck: Hubert Breckweg, Bremen. Farblithos: Hoppe, Ruthe & Co., Herford.
ISBN: 3-87681-087-6

ASCHWARDEN
MEYENBURG
B 6
SCHWANEWEDE
RUSC
WINDMÜHLE
WESER
WASSERMÜHLE
B 74
RITTER
LESUM